O² g
287

BIBLIOTHÈQUE DES CHEMINS DE FER

SÉJOUR
CHEZ
GRAND-CHÉRIF

PAR CHARLES DIDIER

PARIS
LIBRAIRIE DE L. HACHETTE ET Cie
RUE PIERRE-SARRAZIN, N° 14
1857

PRIX : 2 FRANCS

SÉJOUR

CHEZ

LE GRAND-CHÉRIF

DE LA MEKKE

OUVRAGE DU MÊME AUTEUR

QUI PARAÎTRA INCESSAMMENT A LA MÊME LIBRAIRIE :

QUARANTE JOURS AU DÉSERT.

Ch. Lahure, imprimeur du Sénat et de la Cour de Cassation,
rue de Vaugirard, 9, près de l'Odéon.

SÉJOUR

CHEZ

LE GRAND-CHÉRIF

DE LA MEKKE

PAR CHARLES DIDIER

PARIS

LIBRAIRIE DE L. HACHETTE ET Cie

RUE PIERRE-SARRAZIN, N° 14

—

1857

Droit de traduction réservé

Dégoûté de Paris, de la France, de l'Europe entière, par des circonstances privées et publiques qu'il est inutile et ne serait pas possible d'exposer ici, l'auteur était allé chercher en Orient le repos et l'oubli. Après avoir passé au Caire un des hivers les plus charmants dont il ait gardé la mémoire, il se disposait à revenir en Europe, et son passe-port était même déjà visé pour Athènes, lorsqu'un Anglais, avec lequel il avait eu quelques relations de société, vint lui proposer de faire à frais communs une excursion au mont Sinaï, sauf à pousser de là une pointe en Arabie jusqu'à Djeddah, avec l'intention de rendre visite au Grand-Chérif de la Mekke, qui résidait alors à Taïf. Il demanda vingt-quatre heures pour réfléchir ; mais ses humeurs nomades sont toujours si promptes à se mettre en mouvement que ses réflexions furent bientôt faites : une heure après, il était décidé pour l'affirmative. On procéda immédiatement aux préparatifs du voyage, et le départ fut fixé au surlendemain 16 janvier 1854. Voilà comment l'auteur, au lieu de partir pour la Grèce, partit pour l'Arabie.

C'est la relation de ce voyage et de cette visite qu'il publie, dans l'espoir qu'elle pourra offrir quelque intérêt, si hors de la Bourse quelque chose intéresse encore aujourd'hui. Il n'a point eu la prétention de faire un tableau d'histoire, ni même de chevalet, mais un simple croquis de voyage, et il déclare en toute vérité que, fidèle à ses antécédents, il ne s'est permis, dans la peinture des hommes et des choses, ni un coup de pinceau, ni un trait de crayon qui ne fussent conformes à la réalité. Il a pu se priver ainsi d'effets propres à séduire des yeux ignorants ou dépravés; mais il s'en console et persiste à regarder un voyage de fantaisie comme le pire de tous les romans.

Quoi qu'il en soit, il peut dire comme Montaigne, que c'est ici un livre de bonne foi, et que, tel qu'il est, il est sien. Il n'a été composé ni avec des livres, ni d'après les impressions d'autrui, mais avec des souvenirs personnels et sur des notes prises jour par jour sur place. Cela dit pour la sécurité du lecteur, le but de cette publication serait atteint si les faits qu'elle renferme pouvaient édifier quelques esprits sur la grande comédie jouée par l'Europe au bénéfice de la Turquie.

Paris, le 20 octobre 1856.

SÉJOUR

CHEZ

LE GRAND-CHÉRIF

DE LA MEKKE.

I

Le désert de Suez.

Le Caire est séparé de Suez par un désert de cent milles. Redouté jadis, tant à cause de son manque absolu d'eau que parce que les caravanes y étaient détroussées par les Bédouins, ce désert est maintenant fort civilisé; je dirai même qu'il l'est trop pour mériter le nom de désert.

D'abord, le gouvernement draconien de Méhémet-Ali l'a entièrement purgé des pillards qui l'infestaient, et il est devenu aussi sûr, plus, peut-être, que la route de Paris à Versailles. En second lieu, l'administration du Transit, chargée du transport à travers l'Égypte de la malle et des voyageurs de l'Inde, y a établi, pour ce service, une route, une diligence, des stations de poste au nombre de quinze, toutes pourvues d'eau du Nil, qu'on y vend cher, et dont les principales, n°s 4, 8 et 12, surtout la seconde, sont de véritables auberges; oui, lecteur, des auberges en plein désert. La transformation sera complète après l'achèvement du chemin de fer actuellement en construction, qui, faisant suite à celui d'Alexandrie au Caire, déjà ouvert, reliera la mer Rouge à la Méditerranée, en attendant que le percement prochain de l'Isthme appelle la vieille Égypte à de nouvelles destinées.

Les voitures du Transit sont d'horribles boîtes carrées, peintes en blanc, pour repousser les rayons du soleil, et où l'on empile, moyennant neuf guinées par tête, six voyageurs, dans un espace à peine suffisant pour quatre. Attelées de quatre chevaux lancés toujours au galop, elles franchissent cet espace de cent milles en neuf heures; les courriers à cheval n'en mettent que six, même cinq. Le chemin de fer n'aura pas sur eux, comme on le voit, une avance bien importante. Voilà pour les gens pressés. Ne l'étant point, et mon but en voyage n'étant pas de faire le plus de chemin dans le moins de temps possible, je me gardai bien d'adopter l'un des deux moyens ci-dessus, et je m'en tins au procédé plus lent, mais moins banal et plus instructif, des indigènes. Je campai et couchai trois fois en route, si bien que j'employai à ce voyage huit fois plus de temps que la diligence.

Je partis du Caire, moi troisième, sur un de ces jolis ânes si répandus en Égypte, et qui n'ont de commun que le nom avec leur homonyme européen, ce pauvre martyr si injustement méprisé et si cruellement abruti par la férocité du paysan. Les musulmans sont beaucoup plus humains pour les bêtes que les chrétiens. L'âne égyptien est d'un brun foncé; svelte, élégant, fringant dans son allure, il a les jambes fines, les oreilles droites et pointues, la physionomie spirituelle; son courage ne se rebute de rien; sa vigueur est infatigable; sa sobriété tient du miracle : une poignée de fèves est son ordinaire quotidien, et il peut marcher jusqu'à trois jours sans boire, par une température de 35 à 40 degrés au-dessus de zéro. Aucun cheval ne peut lutter avec lui, et il rivalise avec le chameau lui-même. Plusieurs de ces baudets classiques ont une valeur considérable. Un médecin de mes amis en a reçu en cadeau, du dernier vice-roi, un parfaitement blanc, estimé de douze à quinze cents francs.

Ces précieux quadrupèdes stationnent par milliers sur les places et dans les rues, comme les fiacres de nos villes et les chevaux de Constantinople : tout le monde en use sans déroger, et les plus grandes dames, escortées de leurs eunuques, n'ont pas d'autre monture. Quoique massive et participant beaucoup du bât, leur selle ne manque pas d'un certain caractère, et l'on n'y est pas trop mal assis. Les élégants étendent par-dessus des tapis à franges d'or d'un fort bel effet. J'ajoute, en passant, que les âniers du Caire sont des enfants vifs et intelligents, mais qui, en peu d'années, tournent à l'hébétement : un libertinage précoce produit en eux cette triste métamorphose.

Notre petite caravane se composait, outre cinq baudets, de dix chameaux, nécessaires pour le transport de nos domestiques, au nombre de cinq, et de notre bagage, passablement volumineux, car nous entreprenions un long voyage, pour lequel il fallait tout emporter avec nous, tentes, lits, tapis, vivres, provisions de toute espèce, du vin, même de l'eau, tout, en un mot, jusqu'à la vaisselle de table et la batterie de cuisine.

Le dernier lieu habité en venant du Caire est l'Abbassiah, vaste et lourd palais bâti au bord du désert par Abbas-Pacha, pour en faire sa résidence. Caprée de ce Tibère en miniature, moitié tigre et moitié chacal, dont la cruauté n'eut d'autre frein que la peur, ce repaire mystérieux et inaccessible fut, de son vivant, le théâtre de débauches sans nom et de forfaits sans excuse. Son dernier crime ne resta, du moins, pas impuni : ayant fait périr deux jeunes mamelouks qui servaient à ses plaisirs, les deux qui leur succédèrent, craignant pour eux-mêmes un destin pareil, le prévinrent en étouffant leur maître entre eux deux, avec des circonstances telles, que la plume de Pétrone ou de Martial oserait seule en affronter l'horreur. Cette tragédie monstrueuse, et digne de Sodome, se passa au village de Benha-el-Asal, dans la Basse-Égypte, et, après s'être tenus cachés dans les premiers moments, les deux meurtriers sont employés aujourd'hui publiquement à la Citadelle. Les médecins officiels avaient, il est vrai, déclaré dans des rapports magnifiques que Son Altesse avait succombé à une attaque d'apoplexie.

Un des derniers actes de sa vie, le dernier, peut-être, avait été de faire coudre les lèvres d'une pauvre esclave de son harem, coupable d'une faute légère : la mort du bourreau ne sauva pas la victime, qui expira d'inanition quelques heures après lui. Peu de temps auparavant, un malheureux qui courait à côté de sa voiture pour lui remettre un placet, l'ayant effrayé, car il s'effrayait de tout et soupçonnait tout le monde, il le fit égorger sous ses yeux par les gens de sa suite. Nous trouverons sur notre route, avant de quitter le territoire égyptien, d'autres souvenirs de cette Altesse africaine, qui n'en a laissé que de mauvais.

Près du palais s'élève une mosquée où l'on célébrait alors par des cris, des chants et une musique barbare, la fête de je ne sais quel saint du calendrier musulman. Le peuple égyptien, celui du Caire en particulier, est passionné pour les réjouissances de toute nature : religieuses ou profanes, publiques ou privées, il les désigne toutes indistinctement sous le nom de *fantasia*, mot qu'il a sans cesse à la bouche et qu'il applique à tout.

Plusieurs *sakies*, puits à chapelets, amènent du Nil en cet endroit, et versent dans de grands réservoirs de pierre, une eau fraîche et limpide, la dernière de ce genre que je dusse voir de longtemps : ânes et chameaux y burent pour trois jours, et nous entrâmes enfin dans le désert.

On y marcha plusieurs heures, sans accident et sans incident, sur un sol aride et ondulé. Étant partis tard, nous vînmes camper, sur la fin du jour, près de la station n° 3, à six lieues seulement du Caire, sous la tour même du télégraphe ; car, hélas ! aux diligences, aux relais de poste, aux auberges et autres engins dépaysés de la civilisation occidentale qui déflorent le désert de Suez, il faut ajouter encore une ligne de télégraphe. Toutefois, malgré ce fâcheux voisinage et celui de la station, la solitude n'était troublée par personne, et le silence était profond.

La chaîne pierreuse du Mokatan, dont la route côtoie le pied dans toute sa longueur et qui court à sa droite du Nil à la mer Rouge, tranchait fortement en noir sur le fond clair d'un couchant radieux. Le sable du désert était rose. Le calme du soir terminait dignement une journée paisible, et présageait une nuit qui ne le serait pas moins. Seulement l'air était vif, si vif même, qu'un ample burnous de laine blanche dont je m'étais pourvu le matin dans le bazar du Caire me rendit un signalé service dès cette première soirée. Il est vrai qu'on était au 16 janvier.

Les tentes furent bientôt dressées et le dîner servi. Celui des animaux ne fut point oublié : les chameaux accroupis autour du camp, et les ânes seuls debout sur leurs jarrets d'acier, reçurent tous à la fois leur maigre ration de fèves ou de doura, mais pas une goutte d'eau. Aniers et chameliers se couchèrent ensuite pêle-mêle avec leurs bêtes, sans autre abri que le ciel étoilé, et cette première nuit sous la tente se passa pour moi sans événement, sous la garde des génies du désert et des voyageurs.

Le lendemain j'étais sur pied à la pointe du jour. Le premier objet qui me frappa les yeux en sortant de ma tente, fut la tour du télégraphe : élevée sur la crête d'un monticule rocailleux, elle se dressait devant moi comme un spectre menaçant dans la demi-teinte du crépuscule, et je lui pardonnai en ce moment sa présence et sa destination dans un lieu pareil, en faveur du fantastique effet qu'elle produisait dans le paysage. Annoncé par une aurore splendide, le soleil se leva aussi radieux qu'il s'était couché, et promettant une journée non moins belle que la précédente. Il tint parole. On se mit en devoir de charger les chameaux, opération que les chameliers expédient très-lestement, quand cela leur convient, mais qu'ils ont l'habitude de traîner en longueur, ayant tous une invincible répugnance pour se mettre en route de grand matin. Il était donc déjà tard quand la caravane fut prête à partir.

Mon attention fut attirée à la station suivante par des huttes basses et à demi creusées sous terre, où quelques misérables fellahs, tapis dans ces terriers, comme des renards, avec leurs femelles et leurs petits, exercent je ne sais quelle industrie, et vivent je ne sais de quoi. J'abandonne à de plus clairvoyants la solution de ce double problème. Une de leurs femmes, voilée, comme elles le sont toutes, et accroupie comme un sphinx au bord du chemin, avait devant elle une corbeille pleine d'oranges qu'elle vendait aux passants pour quelques paras; il est douteux que cette pauvre marchande ait fait fortune, car d'abord les passants étaient rares, et de plus il faut savoir que huit de ces chétifs paras qu'elle attendait là si patiemment font à peine un de nos sous.

Au désert, tout fait événement. Le moindre accident du ciel ou de la terre appelle et captive le regard, depuis l'arbuste isolé qui prend à distance les dimensions d'un arbre gigantesque, jusqu'aux nuages qui passent sur le soleil, et dont l'ombre vaporeuse glisse comme un être animé sur la surface immobile des sables éblouissants. Je me rappelle encore à cette heure l'effet saisissant que produisit sur moi, ce jour-là, la vue d'un Bédouin monté fièrement sur son dromadaire. De sa haute selle couverte de tapis et des deux *hordj*, grandes poches de voyage qui retombent des deux côtés comme une besace de frère quêteur, pendaient de longs et gros glands en soie rouge, qui, suivant le pas régulier de l'animal, oscillaient en mesure comme le balancier d'une pendule.

J'eus, l'instant d'après, la contre-partie et comme la caricature de ce tableau pittoresque : attelé maladroitement et lui-même étonné de sa nouvelle fonction, un maigre chameau traînait lourdement un mauvais chariot rudimentaire, et dont les deux roues ovales plutôt que rondes criaient et grinçaient sur l'essieu. Cette machine informe, grossière parodie des diligences du Transit, battait les talons du pauvre animal, et gênait tellement la liberté de ses mouvements, qu'il ne marchait qu'avec difficulté et avec une gaucherie tout à fait ridicule. Qu'il y avait loin de cette barbare et stupide innovation à la libre et légère allure du dromadaire, monté, selon sa destination naturelle, par l'habitant du désert !

Un spectacle encore plus déplaisant est celui des nombreuses carcasses de chameaux dont la route est jonchée, les unes à demi rongées par les animaux carnassiers, les autres déjà blanchies par le soleil. Un chameau est-il à bout de ses forces, il se laisse tomber sous son fardeau, et nulle force humaine ne serait capable de le faire relever; on répartit alors sa charge entre ses compagnons encore valides, et on l'abandonne à son sort, qui n'est pas douteux : il meurt de faim à la place même où il s'est abattu, et à peine mort, devient la pâture des chacals et des vautours. Telle est la fin certaine de ce précieux animal, si admirablement approprié aux lieux où il est né. Après avoir vu sa douceur, son courage, sa résignation, je l'appellerai volontiers le martyr plutôt que le vaisseau du désert.

Nous nous croisâmes, ce jour et les suivants, avec plusieurs caravanes du Hedjaz, chargées de gomme, de tamarin et d'esclaves qu'on allait vendre dans les bazars du Caire; accouplés deux à deux sur les ballots, ces malheureux étaient tous fort jeunes et d'un noir plus ou moins foncé. Venus des frontières du Darfour et de l'Abyssinie, les marchands, nommés *jellabs*, les conduisent d'abord à Djeddah par Souakin et la mer Rouge, et ne mènent en Égypte que ceux dont ils n'ont pu se défaire en Arabie avec avantage. Une femme de la Mekke, dans son riche costume indigène, faisait partie d'une de ces caravanes; perchée à sept pieds du sol sur la bosse de son dromadaire, et armée contre le soleil d'un grand parasol blanc, elle était hermétiquement voilée, comme il sied à toute bonne musulmane; mais, quoique arrivant et native sans doute de la ville sainte de l'Islam, elle ne se fit aucun scrupule de nous laisser voir coquettement son visage en passant à côté de nous. C'est dire qu'elle était jeune et jolie. Ajoutons à sa décharge qu'ayant affaire à des giaours, son infraction à la loi de Mahomet était sans conséquence.

Pour compléter l'énumération des rencontres de la journée, mentionnons les estafettes du Transit qui dévoraient la route à franc étrier : changeant de chevaux en un clin d'œil à chaque station, et, ne faisant de l'une à l'autre qu'un temps de galop, ils nous devançaient ou nous croisaient avec la rapidité de la foudre; à peine les apercevait-on qu'on ne les voyait déjà plus. Les dromadaires vont moins vite, mais plus longtemps.

Nos vaillants baudets prenaient toujours beaucoup d'avance sur les chameaux, qui ne font guère plus de deux milles à deux milles et demi par heure. Nous fîmes donc vers le milieu du jour une halte de deux heures, pour attendre la caravane. Couchés sur le sable, nous procédâmes là, au bord du grand chemin, à un déjeuner cénobitique où les oranges de la pauvre marchande du n° 4 jouaient le principal rôle. Des nuées de choucas et de grands éperviers venus du Mokatan tournoyaient sur nos têtes, tout prêts, dans leur impatience, à nous disputer les reliefs de notre repas, pourtant bien frugal. Pendant ce temps, des alouettes presque invisibles chantaient joyeusement dans les hautes régions de l'air, et le *K'ta*, oiseau du désert, ainsi nommé par onomatopée du cri monotone et plaintif qui lui est propre, le répétait mille et mille fois en voltigeant autour de nous.

Le temps était si beau, l'air si léger, que nous ne pûmes, un de mes compagnons de voyage et moi, résister à l'envie de marcher, ne fût-ce que pour nous délasser et pour donner à nos ânes un répit assurément bien mérité. La fermeté de la route nous permit cette distraction, qui dans le sable mouvant fût devenue une fatigue intolérable. Nous fîmes ainsi plusieurs milles sans nous en apercevoir et tout en devisant. Mon compagnon, bon marcheur comme moi et voyageur éprouvé, était un Anglais, M. Burton, officier dans l'armée de Bombay, et connu en Angleterre par quelques ouvrages sur l'Orient, un entre autres sur la chasse au faucon en Syrie.

Il retournait à son régiment après un congé de plusieurs mois qu'il avait employés à faire le pèlerinage de la Mekke, ni plus ni moins qu'un vrai croyant. Il parle si parfaitement l'arabe et possède si bien le Koran ; il porte avec tant d'aisance le costume indigène, que d'ailleurs il ne quitte jamais ; il s'est, en un mot, si complétement assimilé les mœurs, les usages et jusqu'à la physionomie des Orientaux, qu'il est impossible aux yeux les plus pénétrants de le prendre pour un Européen, et qu'il passait à la Mekke parmi les ulémas et les imans pour ce qu'il se donnait, c'est-à-dire pour un Indien mahométan. Grâce à une métamorphose si parfaite, il a pu accomplir sans presque aucun danger cette entreprise périlleuse. On sait que les villes saintes, la Mekke et Médine, sont rigoureusement interdites, même encore aujourd'hui, à tout infidèle, sous peine de mort ou d'abjuration.

M. Burton a publié son voyage en anglais ; je ne l'ai point lu ; mais, d'après ce qu'il m'en a raconté, il doit offrir un vif intérêt, et je me porte garant de son exactitude [1]. Depuis cette époque il a visité les tribus fanatiques des environs d'Aden, et tout récemment encore tenté le passage de la côte de Zanzibar au Nil Blanc par l'Équateur, projet dont il était dès lors très-occupé.

Ce soir-là nous campâmes aux environs du n° 8, après une journée de dix lieues. Les scènes de la veille se renouvelèrent identiquement ; l'Orient,

---

[1] La *Revue Britannique* en a publié, m'a-t-on dit, plusieurs fragments.

on le sait, n'est pas le pays de la variété : ce qu'on a fait hier on le fera demain, après-demain, et ainsi tous les jours jusqu'à la consommation des siècles. La nuit avait cette limpidité qui n'appartient qu'au ciel de l'Égypte ; les étoiles scintillaient comme des diamants enchâssés dans du lapis ; antique emblème héraldique de Byzance avant qu'il le devînt de Stamboul, le croissant de la lune montait avec mystère au firmament. L'aboiement des chiens au milieu des ténèbres annonçait un camp de Bédouins dans les environs ; un tel voisinage eût éveillé jadis de justes alarmes ; il est aujourd'hui sans danger : aussi m'endormis-je sous ma tente sans l'ombre d'une inquiétude, et de fait mon sommeil ne fut troublé par aucune visite suspecte.

Le lendemain, la caravane ne fut pas prête plus tôt que la veille, et le soleil était déjà haut quand j'aperçus sur ma gauche le château Der-el-Beyda, flanqué de tours, ni plus ni moins qu'un manoir féodal du moyen âge. Ce palais de la solitude est encore une fondation d'Abbas-Pacha. Ce Turc sauvage et fanatique abhorrait les villes, celles surtout où sont établis des chrétiens et des consuls : ces derniers étaient son cauchemar ; il les fuyait avec le même soin qu'ils étaient recherchés par son grand-père Méhémet-Ali, et ne croyait jamais être assez loin d'eux. A ce titre Alexandrie était de sa part l'objet d'une aversion particulière, et je ne pense pas qu'il y ait mis les pieds une seule fois pendant tout son règne : « J'y verrais trop de chapeaux, » disait-il pour expliquer son absence. Le Caire lui-même lui semblait trop infecté de la lèpre européenne, et c'est pour en prévenir la contagion qu'il s'était fait bâtir, aux confins du désert, sa résidence de l'Abbassiah, que nous avons vue en passant. Mais cette retraite lui parut bientôt trop près encore du fléau, et c'est dans le sein du désert qu'il avait fini par se réfugier. Il vivait là dans le grossier commerce de ses familiers les plus intimes, et quels familiers ! ajournant sans cesse les affaires les plus urgentes et ne donnant audience aux consuls qu'à la dernière extrémité, et alors seulement qu'il y était contraint par la peur.

Ombrageux à l'excès, poursuivi jusque-là de soupçons continuels, il ne se fiait à personne, au point de ne boire d'autre eau que celle envoyée du Caire, par sa mère, dans des bouteilles cachetées. Sa distraction favorite était de remplir ses écuries d'animaux de prix. Naturellement avare, les plus grands sacrifices ne lui coûtaient rien quand il s'agissait de satisfaire son goût dominant. Il avait partout, quelquefois très-loin, des agents chargés de lui acheter tout ce qu'il y avait de plus beau, de plus précieux en chevaux et en dromadaires ; plusieurs de ces derniers lui avaient coûté jusqu'à dix mille francs ; mais il ne les laissait voir à personne, dans la crainte du mauvais œil. Sa superstition égalait sa défiance.

Le site occupé par son palais se nommait auparavant Der-el-Hamra, la Demeure Rouge, nom que les Arabes donnent à l'enfer, à cause des flammes qu'ils supposent y brûler éternellement. Ce lieu devait cette dénomination sinistre à sa désolation. Cette circonstance servait à souhait la malignité, et le peuple ne manquait jamais de confondre, par un jeu de mots tout trouvé et bien trouvé, le palais avec l'enfer, l'enfer avec le palais. Ce quolibet étant parvenu aux oreilles d'Abbas, il se hâta de changer un nom si malencontreux : Der-el-Hamra se transforma par son ordre en Der-el-Beyda, Demeure Blanche. Il n'en fut que plus noir et plus diable dans l'opinion.

La station n° 8 est tout près de Der-el-Beyda, et doit à ce voisinage une certaine importance. Les personnes qui avaient affaire au feu vice-roi ou à ses officiers y logeaient et y passaient des semaines, des mois entiers ; car les moindres affaires exigent en Orient du temps, toujours du temps, et encore du temps. Les voyageurs de passage, qui, ainsi que nous l'avions fait nous-mêmes, préfèrent aux voitures du Transit les anciens moyens de transport, peuvent néanmoins profiter de ces stations, mais à condition de se munir au Caire d'un billet d'entrée qu'on leur vend fort cher ; sans cette formalité, elles leur sont rigoureusement fermées; ils pourraient mourir de soif à la porte sans qu'on la leur ouvrît.

Non loin du n° 8, juste à moitié chemin du Caire à Suez, est l'Arbre des Pèlerins. Les Arabes ont pour les arbres une grande vénération; ils en voient si peu dans leurs déserts, que c'est pour eux un objet rare et nouveau. Mahomet leur en promet de magnifiques dans l'autre monde, et les docteurs affirment, comme s'ils l'avaient vu, qu'il s'en trouve un dans le paradis à chacune des feuilles duquel est liée la destinée d'un Croyant : une de ces feuilles vient-elle à tomber, le mortel dont l'existence terrestre y est attachée meurt à l'instant. Indépendamment de cet amour des Arabes pour les arbres en général, il y en a de sacrés, qui sont de leur part l'objet d'un culte spécial : ce sont ceux qui croissent près du tombeau d'un saint ou dans tout autre lieu consacré par la religion ou la superstition. Ils ont soin d'y accrocher en passant, afin de conjurer les mauvais sorts, quelque objet leur ayant appartenu; c'est d'ordinaire un lambeau de leur vêtement. Tel est l'arbre dont je viens de parler, et il doit son nom aux pèlerins de la Mekke, dont aucun ne manquerait de se conformer à l'usage sacramentel : aussi est-il chargé, en guise de fleurs, de fruits et même de feuilles, d'ignobles loques de toute forme et de toute couleur. Singuliers *ex-voto!*

Nos ânes ayant pris sur les chameaux la même

avance que le jour précédent, nous dûmes, vers midi, nous arrêter pour attendre la caravane, et nous renouvelâmes sur le sable notre déjeuner de la veille. Comme nous étions là pelant nos œufs durs et nos oranges, nous fûmes rejoints par un vieux voyageur à pied, suivi d'un compagnon et qui chassait devant lui un baudet monté par une femme : or ce voyageur était un Indien, et cette femme était la sienne. Ils revenaient du pèlerinage de la Mekke, d'où ils avaient poussé une pointe jusqu'au Caire avant de retourner dans leur pays, Dieu sait par quel chemin ! En apercevant M. Burton, notre Indien le reconnut au premier coup d'œil pour l'avoir vu quelques mois auparavant sur le mont Arafat, accomplissant dévotement, comme lui, les cérémonies du dernier pèlerinage. Il le salua sous le nom de Cheik Abdallah, que M. Burton porte en Orient. La reconnaissance fut réciproque, et la conversation s'engagea entre les deux Hadjis dans l'indien le plus pur, langue que M. Burton possède au même degré que l'arabe, et qu'il parlait probablement beaucoup mieux que l'Indien lui-même, ayant composé une grammaire de l'un des idiomes les plus difficiles de l'Hindoustan. La compagnie de deux infidèles tels que nous était compromettante pour lui ; toutefois elle n'ébranla point la confiance que le vieil Indien avait dans la foi de son prétendu compatriote, qui se tira à sa gloire de ce pas délicat.

Une gazelle bondissait dans le lointain, et disparut bientôt dans les profondeurs du désert. C'était la première que je voyais à l'état libre ; j'en vis plus tard des centaines dans le Soudan et dans la Nubie.

Le soir venu, le Mokatan se revêtit d'une teinte violette de la plus grande beauté. La limpidité de l'air permettait de voir distinctement à d'énormes distances les plus petits objets ; mais bientôt on n'aperçut plus rien, car le soleil avait disparu, et le crépuscule est si court dans ces latitudes qu'une fois le soleil couché, la nuit arrive tout d'un coup et sans transition. Nous campâmes près du n° 13, sur un sol pierreux et clair-semé de daturas. Des voyageurs ont écrit que l'Arbre des Pèlerins est le seul que l'on rencontre sur toute la route du Caire à Suez ; cette assertion est si peu exacte qu'une douzaine de mimosas s'élevaient autour de nos tentes. Un Allemand qui traversait le désert avec un seul chameau et un seul chamelier s'arrêta près de notre camp, pour y passer la nuit ; nous nous préparions à lui faire un accueil convenable en l'invitant à partager notre souper ; mais son humeur maussade et taciturne refoula nos intentions hospitalières ; il resta, et nous le laissâmes dans son coin, comme un ours de ses forêts natales. Son chamelier, plus communicatif que lui, eut bientôt fait connaissance avec les nôtres, et, malgré une marche à pied de dix heures, ils prolongèrent tous ensemble la veillée jusque bien avant dans la nuit.

Le quatrième jour, nous partîmes plus tard encore que les deux précédents; il est vrai que nous n'étions plus qu'à six lieues de Suez. Nous fîmes sur la route quelques centaines de pas, après quoi nous la quittâmes pour nous diriger à gauche vers le puits d'Adjeroud, clos de murs et protégé par un château délabré. La petite garnison qui occupait ce fort autrefois a été remplacée par une famille de Bédouins à laquelle est commise la garde du puits, et qui prélève un droit sur quiconque y vient prendre de l'eau. Nos ânes burent là pour la première fois, on devine avec quelle avidité, après une privation de soixante-neuf heures et une marche de vingt-huit lieues. Malgré son aridité, le site a une physionomie frappante : ce puits fréquenté par les chameaux, ce château décrépit, les Bédouins qui l'habitent, tout cela fournirait au crayon d'un paysagiste une étude originale.

Quelques lieues plus loin, est un second puits, dit de Suez, à cause de la proximité de la ville qui lui donne son nom ; l'eau en est saumâtre et ne sert qu'aux animaux. Il est également ceint de murs, et une nouvelle caravane d'esclaves y était arrêtée en ce moment. Entièrement nus et accroupis sur le sable pêle-mêle avec les chameaux, les petits négrillons prenaient leur repas, un repas bien frugal, composé d'une poignée de dattes et d'un morceau de pain arabe, rond et plat comme une assiette, mou comme une éponge, point levé, mal cuit, et auquel j'ai trouvé partout un arrière-goût de cuivre fort peu agréable.

Enlevés si jeunes à leur patrie, à leur famille, ces enfants ne paraissaient point avoir le sentiment de leur malheur, et, quoique sous l'œil et la cravache des jellabs, ils bourdonnaient joyeusement comme un essaim d'abeilles. L'esclavage est d'ailleurs beaucoup moins dur en Orient qu'il ne l'est dans les pays chrétiens, et j'aurai sans doute l'occasion de revenir avec plus de développement sur le commerce et la condition des esclaves chez les musulmans.

Ici le coup d'œil change. On commence d'apercevoir la mer Rouge, dont l'azur transparent donnait alors à l'épithète qui la caractérise un éclatant démenti. Au sud-est s'élèvent les montagnes d'Arabie, et, par-dessus toutes les autres, les hautes cimes granitiques de la chaîne du Sinaï, échelonnées en amphithéâtre jusqu'aux dernières profondeurs de l'horizon. Leur aspect est grandiose, et la majesté des souvenirs qui les consacrent leur imprime un caractère encore plus imposant.

A midi nous étions à la porte de Suez, le quatrième jour, heure pour heure, depuis notre départ du Caire; mais avant de la franchir et de rentrer dans les lieux habités, je dois confesser que le voyage n'avait produit sur moi aucune de ces impressions fortes et solennelles que je reçus plus tard des grands déserts de la Nubie et du Soudan. Celui-ci pourtant avait pour moi l'attrait toujours émouvant de la nouveauté ; il ne m'en laissa pas moins froid et indifférent. Ce mécompte a plusieurs causes : et d'abord le désert de Suez étant coupé dans toute sa longueur par la chaîne du Mokatan, la vue est constamment bornée de ce côté et ne se développe que de l'autre ; encore est-elle souvent limitée de ce côté-là même par des mouvements de terrain qui en plusieurs endroits méritent le nom de collines. Un horizon si restreint ne saurait inspirer ni la mélancolie rêveuse et contemplative, ni le sentiment de l'infini, que l'aspect continu des sables sans limite, comme celui des mers sans rivage, est seul capable d'éveiller dans l'âme. Si l'espace manque, la solitude ne se fait pas moins désirer. Ainsi que je l'ai dit au début, des innovations déjà bien vieilles pour nous, et même certains conforts de la vie occidentale que l'on ne vient point chercher ici, ont envahi ce désert dégénéré, et altéré sa couleur primitive : on y sent, on y voit trop l'homme, non l'homme de la tente et de la liberté, mais l'homme des comptoirs et des fabriques. Ainsi représentée, la civilisation n'a rien d'attrayant, et il n'est pas étonnant que cette importune image ait désenchanté mes premiers pas dans ces grandes solitudes de la nature.

Cela dit, je reviens à Suez.

II

Suez.

L'heureuse situation de Suez, au fond du golfe Arabique ou mer Rouge, en dut faire de bonne heure un entrepôt commercial important. Le fils de l'héritier d'Alexandre, celui qui avait mis en communication le Nil et la mer Rouge par un canal dont on découvre encore quelques vestiges enterrés sous les sables, Ptolémée Philadelphe, avait donné à cette ville le nom de sa sœur Arsinoé, qu'il aimait passionnément et qu'il épousa, selon le droit commun des Lagides. Quant au nom moderne de Suez, d'intrépides étymologistes y voient la corruption d'un mot arabe qui signifie *oasis*. S'il en est ainsi, la chose n'est pas moins altérée et transformée que le mot qui l'exprime : Suez est si loin d'être une oasis, qu'elle n'a pas un arbre, pas un filet d'eau. Rien de plus nu, de plus désolé. Étroitement serrée entre la mer et le désert, ces deux océans également envahissants et destructeurs, elle lutte à grand'peine contre ces deux redoutables ennemis : les flots minent et rongent incessamment la langue de terre où elle est confinée, et le sable empiète tous les jours sur elle; si bien qu'elle contient difficilement aujourd'hui les quatre ou cinq mille habitants qui lui restent.

A lire l'énumération des marchandises dont Suez se vante d'être encore l'entrepôt : métaux, draps d'Europe, étoffes et épices de l'Inde, produits d'Égypte et d'Arabie, riz, lin, parfums, perles et moka, ne s'attendrait-on pas à trouver une de ces cités florissantes de l'empire des Califes, dont les *Mille et Une Nuits* nous racontent la splendeur? Il n'en est rien. Tous ces riches produits ne font que la traverser sans plus s'y arrêter que dans les stations du désert, et son chétif commerce est entre les mains d'une poignée de commissionnaires grecs qui n'opèrent point pour leur compte. Elle-même ne vend rien, car elle ne produit rien, pas même les choses de première nécessité; il ne croît pas un légume, que dis-je? pas un brin d'herbe sur toute sa surface, et la mer ne lui donne qu'un poisson rare et médiocre. Tout lui vient du Caire. Il n'est pas jusqu'à l'eau qu'elle ne doive aller chercher à plus d'une lieue pour les animaux, et bien plus loin pour les hommes, jusqu'à la fontaine de Moïse, située de l'autre côté du golfe; encore cette eau, qui ne revient pas à moins de deux piastres l'outre, n'est-elle pas toujours potable : aussi les personnes un peu délicates ne boivent-elles que celle du Nil, apportée à dos de chameau à travers le désert : c'est un peu cher pour un verre d'eau.

Quant à la ville elle-même, elle mérite à peine l'honneur d'une description : des rues et des ruelles étroites, tortueuses, poudreuses, souvent infectes; des maisons mal bâties, mal entretenues, la plupart en bois ou en torchis; quelques maigres mosquées, et des minarets plus maigres encore; des okels assez vastes, mais fort sales, pour les marchandises et pour les marchands; un bazar unique et dépourvu les trois quarts de l'année des objets les plus indispensables : telle est aujourd'hui cette ville, autrefois sans doute plus prospère, et qui le sera bien davantage quand la coupure de l'Isthme en aura fait une des premières échelles commerciales et même politiques du monde entier.

Telle qu'elle est, cependant, elle a une place passable, entourée de maisons qu'on peut habiter, et une espèce de quai sur la mer assez animé quelquefois. Fabriquées sur place, les barques destinées à la navigation de la mer Rouge y sont assez nombreuses, mais le nombre même de celles qui dorment au port prouve que cette navigation est loin d'être active. Une de ces barques, encombrée d'esclaves, déchargeait, à l'instant de notre arrivée, sa cargaison humaine.

Bien peu d'Européens résident dans ce triste lieu. J'y fis pourtant la connaissance d'une dame française dont le mari trafique dans ces parages, et qui, en l'attendant, vit avec sa fille, une belle personne de dix-huit ans, dans une solitude à peu près complète. J'y vis aussi le consul ou vice-consul anglais, qui, par parenthèse, habite la maison occupée en 1799 par le général Bonaparte, et qui unit à ses fonctions officielles celles d'agent commercial de la Compagnie des Indes. Ce double caractère politico-mercantile est commun à tous les consuls britanniques ; mais je préfère la coutume française qui interdit le commerce aux nôtres : ils regagnent par là en dignité ce qu'ils perdent en profit.

Le poste de Suez a pris une certaine importance pour l'agent consulaire de la Grande-Bretagne, depuis que la malle des Indes a adopté cette route. Le service a lieu deux fois par mois. Les paquebots de Bombay et de Calcutta débarquent à Suez les voyageurs qui vont prendre à Alexandrie ceux de la métropole, et *vice versa*. Cette double transvasion produit chaque quinzaine un mouvement de deux à trois cents voyageurs, plus ou moins, ce qui donne une moyenne annuelle de six à sept mille. Ces nuées périodiques d'oiseaux de passage s'abattent sur l'Égypte comme pour la dévorer, semblables aux sauterelles de Moïse. Ceux qui arrivent de la mère patrie sont presque tous des jeunes gens tapageurs et des jeunes filles roses et blanches qui s'en vont chercher dans la colonie indienne, ceux-là des positions administratives ou commerciales, celles-ci des maris. Au retour, la scène change : les jeunes gens sont des hommes basanés et vieux avant l'âge, les jeunes filles des mères de famille ou des grand'mères.

Il s'est établi à Suez, sur le bord de la mer, un vaste hôtel anglais destiné à héberger les arrivants, à les nourrir, à les abreuver, ce qui n'est pas une petite affaire, vu la voracité des nouveaux débarqués et le dénûment du marché. La ville est alors en proie à une véritable invasion européenne; morne et silencieuse tout le reste de l'année, elle est saisie, ces jours-là, d'une agitation factice, presque fébrile, qui ne fait que rendre plus profonds le silence et la torpeur où elle retombe le lendemain.

Comme nous avions dédaigné les stations de la route, nous dédaignâmes également l'abri confortable de l'auberge britannique, et nous campâmes dans la ville comme au désert : nos tentes furent dressées sur la plage, au milieu d'une demi-douzaine de canons braqués en cet endroit pour défendre soi-disant la côte, et qui n'ont vu ni ne verront jamais le feu. Abandonnés là sans l'ombre même d'une sentinelle pour les faire respecter, ils ne servent qu'à l'amusement des enfants, qui les enfourchent irrévérencieusement comme des chevaux de bois. Cette plage est vaste, fort belle, et se développe au loin jusqu'au pied de grandes montagnes qui semblent tomber à pic dans la mer. La rade s'étend au midi comme une nappe azurée, et les sommets abruptes de la chaîne sinaïtique ferment l'horizon.

Fort peu de temps avant notre arrivée, Suez avait été le théâtre d'une émeute populaire contre le peu de chrétiens qui l'habitent. La foule s'était ruée devant leurs maisons en vociférant des injures, des menaces, et en lançant des pierres contre les fenêtres. Une intervention tant soit peu énergique de l'autorité locale eût rétabli l'ordre aisément, car le peuple égyptien est docile et peu belliqueux; mais le gouverneur laissa faire ou n'agit que mollement, convaincu sans doute qu'une telle démonstration ne pouvait que plaire au Pacha régnant, dont elle flattait la haine fanatique, et que c'eût été par conséquent faire mal sa cour au maître que de déployer trop de zèle en cette occasion. Toutefois l'orage n'eut pas de suite, et s'apaisa de soi-même, non sans avoir fort ému la colonie européenne du Caire. Tombé presque au milieu de cette bourrasque, j'avais reçu dans mes habits, en tournant une ruelle écartée, une pierre lancée par une main invisible; il n'était donc pas très-prudent, je dois en convenir, de camper en pleine rue, en de telles conjonctures, sans autre rempart que la toile de nos tentes. Nous n'eûmes cependant point à nous repentir de notre témérité; notre petit camp ne fut pas inquiété.

Mais il nous arriva deux mésaventures d'une autre espèce, et bonnes à enregistrer, pour la gouverne des voyageurs qui suivront nos traces parmi les petites misères de la vie nomade, laquelle, hélas! ne laisse pas d'avoir les siennes comme la vie humaine en général et chaque condition en particulier. J'avais à mon service personnel un jeune nègre qui d'esclave était devenu domestique de Clot-Bey, lequel l'avait conduit à Paris, où il avait appris le français. Abdallah (c'était son nom) aimait la musique et se plaisait à jouer du flageolet, délassement sans doute fort innocent, mais qui pourtant me devint funeste. Un soir qu'à cheval sur un des canons dont j'ai parlé plus haut, il jouait de son instrument favori, une bougie oubliée par lui dans ma tente y mit le feu et la consuma entièrement; il n'en resta qu'un tas de cendres, et l'on eut grand'peine à sauver de l'incendie mon bagage particulier. Il va sans dire que pas un indigène ne songea à nous porter secours; et j'ajoute comme détail de mœurs levantines qu'un monsieur, Anglais d'origine et employé du Transit, pour qui cependant j'avais des lettres de recommandation, et devant la maison duquel ma tente était dressée, la regarda tranquillement brûler de sa fenêtre sans daigner s'informer de quelle assistance je pouvais avoir besoin dans ce moment critique.

Voici maintenant notre seconde infortune. Nous avions un cuisinier du Caire; or les naturels de cette capitale ont pour elle un si grand amour qu'ils ne s'en éloignent qu'avec une extrême répugnance. Pourtant notre Vatel arabe avait consenti à nous accompagner, dans l'idée que nous n'irions pas au delà du mont Sinaï. Dès qu'il sut que nous devions pousser jusqu'à Djeddah, et même plus loin, il se ravisa, et rien, pas même l'argent, ne put le décider à faire un pas de plus. Notre embarras était grand; car un cuisinier quelconque nous était indispensable, vu la nature du voyage que nous entreprenions. Mais le moyen d'en trouver un à Suez! La fortune nous vint en aide sous la figure de Gasparo Mazzanti, un Florentin pur sang, et qui parlait le toscan avec cette forte aspiration particulière au peuple de Florence, mais pas un mot d'arabe, malgré un séjour de quinze ans en Égypte, où des chagrins domestiques l'avaient conduit. Il avait fait le métier de traiteur à Alexandrie, et se trouvait à Suez en ce moment par le plus grand des hasards. Il vint nous offrir ses services, qui furent agréés, et, pour dix talaris par mois, il nous aurait suivis jusqu'au bout du monde. Pendant huit mois que ce brave homme fut à mon service, son dévouement et sa probité ne se sont jamais démentis. Ce fait est assez rare parmi les Européens établis dans le Levant pour être consigné au passage.

La France envoie à Suez un vice-consul qui préfère naturellement à ce lieu de déportation le séjour du Caire ou d'Alexandrie. Pendant ses absences, les affaires à peu près nulles de la chancellerie sont gérées par un négociant indigène nommé Costa et Grec d'origine, à ce que je pense. Il ne connaît pas la langue du pays qu'il représente; mais, en revanche, il est beau causeur en arabe, et sait quantité de contes, d'histoires de tout genre, dont il saupoudre fort agréablement sa conversation. Un de ses fils, qui parle français, me fut très-utile, et je n'ai eu pendant tout mon séjour qu'à me louer de ses bons offices.

Nous avions besoin d'une barque pour nous rendre à Djeddah, et il n'était pas si facile qu'on pourrait le croire d'en trouver une à notre convenance; toutes les barques de Suez sont numérotées et enrégimentées, de manière qu'elles partent chacune à son tour, sans que leur ordre de départ puisse jamais être interverti; on ne peut donc choisir celle qu'on veut, et l'on est forcé de prendre, qu'elle convienne ou non, celle dont le tour est arrivé. Cette obligation ne faisait point notre compte; pourtant nous n'aurions pu nous en affranchir sans l'autorisation du gouverneur; il nous l'eût accordée sans aucun doute, mais il fallait la demander, formalité toujours ennuyeuse. Grâce au hasard et à Costa, nous n'eûmes besoin de solliciter ni de payer, ce qui est la même chose en Orient, la complaisance de personne. Il y avait précisément au port une barque de Djeddah, qui n'attendait pour retourner dans cette ville qu'un chargement quelconque; nous la frétâmes tout entière pour nous, nos gens et notre bagage, moyennant mille piastres, somme assurément fort modique, si l'on songe que le trajet est de six cents milles marins, sans compter qu'une fois à Tor la barque devait nous y attendre tout le temps nécessaire au voyage du mont Sinaï, que nous voulions visiter en passant. Le contrat fut dressé en arabe par Costa lui-même, et revêtu du sceau consulaire pour surcroît de garantie.

M. Burton ne devait pas être du voyage; il allait, comme je l'ai dit précédemment, rejoindre son régiment à Bombay. Le paquebot destiné à le conduire dans cette ville, lui et les passagers d'Angleterre attendus à Suez d'un instant à l'autre, était mouillé à cinq ou six milles de la côte, les bas-fonds ne permettant pas aux bâtiments d'un tirant d'eau un peu fort de s'en approcher davantage sans danger. Un canot du bord servait de communication entre le navire et la ville, et allait de l'une à l'autre plusieurs fois par jour; monté par huit ou dix vigoureux Lascars en veste blanche et en ceinture rouge, il volait comme un pétrel sur la surface unie des flots. En nous séparant, Cheik Abdallah, je veux dire M. Burton, me fit présent, en mémoire de lui, du Koran qu'il portait pendant la cérémonie du mont Arafat, laquelle est comme le couronnement du pèlerinage de la Mekke, et confère seule aux pèlerins le saint titre de hadjis. Une dédicace arabe écrite de sa main fixe le souvenir et la date de ce jour mémorable dans la vie d'un musulman, et bien plus encore dans celle d'un chrétien.

Je partis donc de Suez avec un seul compagnon de voyage, Anglais aussi, parlant bien l'arabe, l'écrivant même au besoin, qui voyageait en Orient depuis plusieurs années, et dont l'existence aventureuse mériterait certainement de ma part, et obtiendra peut-être dans la suite une mention particulière et peu honorable.

III

Tor.

Le 21 janvier, à deux heures, on appareilla, et l'on mit à la voile aussitôt; mais on ne partit guère que pour la forme et pour qu'il fût dit qu'on était parti, car à quatre heures on jeta l'ancre au pied du mont Abou d'Anadj pour y passer la nuit; la mer était pourtant belle, le vent favorable, et rien ne s'opposait à notre navigation. Mais les barques de la mer Rouge ne marchent que le jour; de plus, on n'était pas très-loin du Birket Faraoun, ou Citerne de Pharaon, nom que les Arabes donnent au lieu de son désastre, et qu'ils croient fréquenté depuis lors par de mauvais génies : aussi pas un marin ne se hasarderait à franchir de nuit ce forminable abîme; à peine l'osent-ils en plein jour, et jamais sans s'être concilié les esprits malfaisants par des pratiques superstitieuses.

On est ici en pleins souvenirs mosaïques. Non loin, dans l'intérieur des terres, un bain naturel porte le nom du prophète hébreu, Hamam Sidna Mousa, et nous avions laissé derrière nous une fontaine célèbre qui porte également son nom, Ayoun Mousa, et qui se dessine en blanc sur la côte au milieu des palmiers. C'est là, comme nous l'avons dit, que la ville de Suez prend son eau douce, et c'est un but d'excursion pour les voyageurs. Bonaparte lui-même, pendant son séjour en Égypte, avait été la visiter sans pousser plus loin sa reconnaissance. On dit qu'ayant été, au retour, surpris par la marée montante, il courut un danger sérieux; son cheval avait déjà de l'eau jusqu'au ventre, et il ne se tira de ce mauvais pas qu'avec l'aide d'un Bédouin accouru pour lui porter secours. Supposez que le futur empereur eût péri là; quel changement dans les destinées du monde! quel champ ouvert aux conjectures! Presque en face de la fontaine de Moïse s'élève, sur la rive opposée, le mont Ataka, géant de pierre, qui vit passer à ses pieds, il y a quarante siècles, la meute égyptienne lancée, le chasseur en tête, à la poursuite du peuple de Dieu.

La nuit fut belle et sereine; le silence n'en fut troublé que par le clapotis des vagues contre les flancs de la barque endormie; la lune, à la moitié de sa croissance, laissait tomber des clartés douteuses sur les montagnes des deux rives. A la vue de ces montagnes vaporeuses, mais visibles sur le fond constellé du ciel, et qui appartiennent les unes à l'Asie, les autres au continent africain, je songeais, non sans émotion, que je me trouvais là suspendu pour ainsi dire entre deux mondes, cette Afrique, dont je m'éloignais pour y rentrer bientôt, et cette poétique Asie que je touchais déjà du doigt, mais où je n'avais pas encore posé le pied.

Séparés par un golfe étroit, ces deux mondes ont l'air de se mesurer du regard comme deux ennemis prêts toujours à se jeter l'un sur l'autre. Toutefois, la force d'expansion et l'esprit de conquête qui en est la conséquence appartiennent à l'Asie, et, la précipitant hors de ses limites à diverses époques de l'histoire, lui ont fait jouer, dans le passé, un rôle éclatant. L'Afrique, au contraire, est l'élément de la résistance et de l'immobilité : à peu d'exceptions près, celle, par exemple, des Carthaginois, qui se répandirent au loin et firent douter un moment de la fortune de Rome, encore étaient-ils d'origine phénicienne, c'est-à-dire Asiatiques, elle n'a guère opposé aux envahissements du dehors que la force d'inertie rendue, il est vrai, redoutable et souvent invincible par les conditions naturelles du sol et du climat.

Ces deux mystérieux continents posaient là devant moi comme les deux plus grands problèmes offerts aux études des érudits et aux méditations des penseurs. L'un, je veux dire l'Asie, est déjà presque à demi résolu, et l'on peut prévoir qu'il le sera complétement dans un avenir assez prochain, tandis que les premiers termes de l'autre sont à peine encore entrevus, et qu'il a jusqu'à présent déjoué les efforts combinés de la science, de la guerre et du commerce. Les explorations le plus habilement conçues et le plus courageusement exécutées n'ont été, pour la plupart, signalées que par des catastrophes : chaque année voit périr quelqu'un de ces hardis chercheurs, et ceux qui reviennent n'ont pas trouvé grand'chose. La question, demeurée intacte, est à leur retour ce qu'elle était à leur départ. Qu'on jette seulement les yeux sur la carte la plus récente, la plus complète de cette partie du monde, on sera contristé, consterné de la trouver si vide : sauf un mince périmètre, bien pauvre encore lui-même, de noms authentiques, tout le reste n'est qu'un immense blanc qu'on s'efforce en vain de remplir, qu'on ne remplira peut-être jamais. Cette masse compacte de terres inconnues fait peur à voir et décourage autant qu'elle effraye. Se peut-il qu'après six mille ans d'existence la race humaine connaisse encore si mal et si peu le globe exigu qu'elle habite?

La lune brillait encore quand nous remîmes à la voile; au lever du soleil, la terrible tombe de Pharaon était franchie. On navigua jusqu'au soir par un beau temps, ayant toujours en vue la côte d'Afrique, notamment le vaste mont Gharib, quoique serrant de plus en plus près celle d'Asie. Les montagnes les plus rapprochées de ce côté sont le Djékem et le Da'ad, dépourvus l'un et l'autre de toute végétation.

La journée s'écoula sans incidents. Au crépuscule, on jeta l'ancre dans une petite crique assez sûre, formée par une courbe gracieuse des monts Nayazat, lesquels dépendent, ainsi que les deux précédents, de la grande chaîne granitique du Sinaï. Cette seconde nuit se passa comme la première. Le lendemain, au point du jour, nous étions en marche, poussés par un vent frais et propice. Le Ras, ou cap Soueira, fut bientôt doublé, et à midi nous étions à Tor, non Thor, comme on l'écrit sur les cartes. J'étais en Asie; mais cette antique mère du genre humain m'apparut d'abord sous des traits peu séduisants.

Fameuse autrefois par ses perles et par ses turquoises, Tor a depuis longtemps oublié la pêche des unes et perdu la mine des autres. J'ignore ce qu'elle peut être un jour, mais je sais qu'elle est maintenant une méchante petite bourgade peuplée de Grecs inhospitaliers et avides qui font regretter les Arabes, voire même les Turcs. Le Cheik el Beled, maire de l'endroit, un Grec indigène nommé Costandi, pour qui j'avais une lettre de Costa, ne m'offrit ni la pipe ni le café, ces deux articles élémentaires du code oriental en matière de civilité. On donne le café à tout le monde sans distinction; on présente la pipe à ses supérieurs par déférence et à ses égaux par courtoisie. Un simple sergent, On-bachi, en garnison avec une dizaine de soldats dans ce triste séjour, se montra plus poli : trop pauvre pour m'offrir le café sacramentel, il me força du moins à prendre sa propre pipe, n'en ayant pas d'autre, et fit étendre à mon intention, sur le banc de pierre qui lui servait de divan, son plus beau tapis.

Tor a une mosquée pittoresquement située au bord de la mer, et une église grecque sale, obscure, où je trouvai néanmoins quelques livres, quelques tableaux curieux, et dont un vieux pope en lunettes me fit les honneurs. La ville, si ville il y a, relève, quant au spirituel, de l'archevêque grec du mont Sinaï, et politiquement du pacha d'Égypte, dont les possessions s'étendent jusque-là. On y voit encore les restes d'un mur d'enceinte, et ceux d'un petit fort érigé par le sultan Sélim Ier, qui avait fortifié tous les postes avancés de son empire ; ce fort et ce mur sont bâtis, ainsi que les maisons de la ville, en conchyliotypolithes, pierres incrustées de coquilles, très-communes sur les côtes de la mer Rouge. Ce que Tor a de mieux, c'est l'eau : aussi les barques de ces parages ne manquent-elles jamais de s'en approvisionner en passant, ce qui donne à son port un peu de vie et de mouvement.

Autour de la ville se déroule une plaine sablonneuse où l'on ne rencontre d'autre végétation que quelques touffes clair-semées d'une plante basse et vivace qui croît dans tous les déserts et donne une petite baie rougeâtre d'un goût assez agréable. Inondée dans sa partie basse par la marée montante, qui, en se retirant, y laisse du sel, cette plaine s'étend du côté de l'orient jusqu'à une longue chaîne de montagnes d'un aspect sombre, sévère, et dont le majestueux Serbal forme le point culminant. A quelques milles de la ville, en remontant vers le nord, se trouve un bois, presque une forêt de dattiers, si touffus, si serrés, qu'on ne passe au travers qu'avec une extrême difficulté. Ce riche et délicieux Éden appartient, en grande partie, au couvent du mont Sinaï ; mais c'est une propriété à peu près illusoire, attendu que le propriétaire n'a jamais pu réussir à s'en assurer les fruits. Les Bédouins du voisinage prennent toujours les devants, et s'approprient chaque année les primeurs de la récolte, sinon la récolte tout entière. Les moines avaient imaginé d'y mettre un des leurs en faction; mais, clôturé dans un petit donjon qu'on voit encore, et où l'on n'entre qu'à la faveur d'une échelle, l'ermite garde-champêtre avait une si grande frayeur des maraudeurs, qu'il ne quittait jamais son ermitage, et ne permettait à personne d'y pénétrer, à l'exception d'un domestique chargé de lui apporter chaque semaine des vivres et de l'eau. Pendant ce temps les Bédouins cueillaient et mangeaient à sa barbe les dattes qu'il était censé garder, et ils n'ont jamais cessé de vivre sur les terres cléricales comme en pays conquis.

Cette charmante oasis est protégée au nord par le mont Hammam, mont du Bain, dont les roches calcaires et entièrement nues contrastent avec la fraîche verdure dont elle est couverte toute l'année. Deux sources abondantes jaillissent du pied de la montagne : l'une est très-froide, parfaitement limpide et d'une saveur exquise ; l'autre, au contraire, est chaude, chargée de fer et fortement imprégnée de soufre. Cette dernière a été recueillie dans un bâtiment bien clos et assez bien installé pour la commodité des baigneurs. J'y pris un bain des plus agréables, et dont je ressentis longtemps encore après les effets salutaires. Cette eau thermale s'appelle dans le pays Bain de Pharaon; et sa voisine y est connue et fort estimée sous le nom de source de Moïse. Encore des souvenirs bibliques !

Derrière le mont Hammam s'en élève un autre appelé montagne des Cloches, dénomination singulière dans un pays où elles sont inconnues et prohibées. La légende prétend qu'un monastère chrétien existait jadis en cet endroit, qu'il fut englouti dans les abîmes de la terre, et qu'on en entend depuis lors sonner les cloches tous les jours à l'Asr, c'est-à-dire, à trois heures après midi. Si ce bruit miraculeux est réel, ce que je n'ai pu vérifier, il peut être produit par des cataractes intérieures ou par quelque volcan souterrain : les deux sources que nous venons de voir, et qui surgissent si près l'une de l'autre, quoique de nature et de température si différentes, prouvent sans réplique la présence simultanée et l'action intermittente ou continue du feu et de l'eau dans ces mystérieux abîmes.

En revenant de cette intéressante excursion, je trouvai mon *reïs*, nom qu'on donne, en arabe, aux patrons des barques, établi, avec quelques hommes de son équipage, à la porte d'une masure située en dehors de la ville, et pourvu, contre le soleil, d'une espèce d'auvent en nattes de palmier, soutenu par de longues perches fichées dans le sable ; ceci vous représente le café de Tor, et vous y trouverez, pour quelques paras, du café d'abord, puis des pipes toutes chargées et de l'eau fraîche à discrétion ; le tout servi de bonne grâce par le maître lui-même : mais ne lui demandez pas autre chose. Nos marins étaient là accroupis sur les talons, la pipe à la bouche et une tasse de café à la main. Je me mis fort bien dans leurs papiers en doublant à mes frais, en quadruplant, en décuplant la dose, procédé auquel les Arabes sont toujours sensibles, et que ceux-ci reconnaissaient de bon cœur en prenant autant de café et fumant autant de pipes que j'étais disposé à leur en offrir. Ce qu'un Arabe peut consommer en ce genre est prodigieux.

J'ai dit qu'il avait été stipulé dans l'acte de nolis, dressé à Suez par-devant Costa, que la barque nous attendrait à Tor jusqu'à notre retour du mont Sinaï; mais le nombre des jours d'attente avait été fixé à cinq : or, pour répondre à ma générosité, le reïs me dit gracieusement que je n'avais pas besoin de me gêner, que je pouvais faire le voyage à mon aise, et qu'il m'attendrait aussi longtemps que cela me conviendrait. J'avais appris déjà par expérience, et quelquefois à mes dépens, qu'un Arabe n'est jamais pressé; je n'en admirai pas moins la patience de ce patron bénévole ; à sa place et condamné comme lui à séjourner toute une longue semaine dans ce lieu perdu, je n'aurais certainement pas pris mon parti avec tant de résignation:

Car que faire en ce gîte à moins que l'on n'en parte?

J'en partis donc le lendemain.

Laissant le gros de notre bagage dans la barque, sous la garde d'un domestique, afin de voyager à la légère, nous n'emportâmes avec nous que ce qui nous était indispensable. Notre caravane se trouva donc réduite à six chameaux, dont deux dromadaires, ou prétendus tels. On m'avait enseigné dans mon enfance, comme on l'enseigne probablement encore à tous les enfants, que le dromadaire a deux bosses, tandis que le chameau n'en a qu'une; et je les ai vus représentés ainsi dans maints traités d'histoire naturelle. C'est une erreur : ils n'ont tous les deux qu'une seule bosse, et il n'existe nulle part, que je sache, si ce n'est peut-être au Thibet, aucun animal de cette espèce en ayant deux. Le dromadaire est au chameau ce que le cheval de selle est au cheval de charrette, et il ne se distingue de lui que par la finesse des membres et la pureté de la race: on monte l'un, l'autre sert au transport des fardeaux. Le chameau a le pas lent, très-lourd et très-dur; il imprime à son corps en marchant un mouvement de tangage fort incommode et qui souvent donne le mal de mer à ceux qui n'y sont pas accoutumés; le dromadaire, en arabe *hedgin*, a au contraire le pas si léger, l'allure si douce, que, s'il est bien dressé, son cavalier doit pouvoir, quand il trotte, prendre sa tasse de café sans en répandre une goutte, et sa marche est si rapide, qu'il peut faire jusqu'à quarante lieues et plus dans sa journée, sans boire ni manger. L'imagination des Arabes va plus loin et porte à quatre-vingts lieues par jour la puissance locomotrice d'un hedgin pur sang.

C'était la première fois de ma vie que je montais un dromadaire, et je n'affrontai pas cette périlleuse entreprise sans une certaine émotion, d'autant plus que celui qui m'était destiné était très-haut en jambes, et que la selle, en tout semblable à celle du Bédouin que j'avais rencontré dans le désert de Suez, avec ses longs *fiocchi* pendants, et elle-même d'une hauteur démesurée, était placée, selon l'usage, sur le sommet de la bosse, ce qui l'élevait encore d'autant. Mesure en main, j'avais les yeux à dix pieds du sol. Ajoutez à cela que la selle arabe est trop large pour être enfourchée, qu'on ne peut s'y tenir qu'assis, les jambes croisées en avant sur le cou de l'animal, et que, pour le diriger, on n'a qu'un simple licol.

Quand j'eus opéré mon ascension et que je me vis si haut perché avec un abîme à droite et un abîme à gauche, je me demandai sérieusement si le vertige n'allait pas me saisir, et je me sentais si peu solide sur ma base, que je m'attendais, pour mon coup d'essai, à en être précipité dès les premiers pas. A peine, en effet, l'effrayante machine fut-elle en mouvement que je perdis entièrement mon aplomb, et si je ne tombai pas, je le dus aux deux pommeaux de la selle, qui, fixés l'un en avant, l'autre en arrière et tous les deux longs d'un pied, rendent aux débutants des services signalés. Toutefois mon apprentissage ne fut pas long, et je me familiarisai en peu de temps avec ma nouvelle monture au point de la faire coucher quand j'en voulais descendre, et relever quand j'y étais remonté, sans avoir besoin, comme au début, de l'assistance de personne. Je finis par m'acclimater sur cette selle, d'abord si inquiétante, et par m'y trouver aussi bien assis que dans un fauteuil, grâce aux tapis dont elle était couverte. J'appréciai surtout infiniment les deux grandes poches, *hordjs*, dont elle était flanquée, et qui permettent d'avoir sous la main toutes les choses nécessaires au voyage. Bref, des diverses manières de voyager que j'ai expérimentées sur terre et sur mer, je n'en connais pas de plus agréable, de plus commode, pas une qui ait autant d'avantage et si peu d'inconvénients; je l'ai pratiquée près de six mois consécutifs, sans accidents, sans fatigue et sans ennui.

IV

Le mont Sinaï.

Si j'avais été désenchanté en trouvant une grande route entre le Caire et Suez, je le fus bien davantage en en trouvant une aussi entre Tor et le mont Sinaï. A la rigueur, la première se comprend; mais celle-ci, à quoi sert-elle? Rien ne la nécessite et rien ne la justifie. Pour en expliquer l'existence, il faut que je revienne encore une fois à Abbas-Pacha.

Nous avons vu précédemment que, trouvant l'Abbassiah trop près du Caire, il s'était fait construire en plein désert le château de Der el Beyda; mais bientôt cette dernière résidence elle-même ne lui sembla plus assez loin de tout ce qu'il voulait fuir, et il eut la fantaisie de s'en faire bâtir une nouvelle sur une des crêtes les plus arides, les plus désolées, les plus inaccessibles de la chaîne du Sinaï. Là, du moins, il ne verrait pas de chapeaux, et les consuls ne viendraient pas le relancer si haut. Dès que le site eut été choisi, et avant même qu'on eût jeté ou seulement tracé les fondements de ce palais aérien, véritable aire d'oiseau de proie, Abbas avait ordonné l'établissement immédiat d'une route pour s'y rendre en voiture ; car une infirmité, fruit de ses débauches, lui interdisait l'usage du cheval et du dromadaire. L'ouvrage fut commencé aussitôt qu'ordonné, sous la direction de deux ingénieurs français, ayant sous leurs ordres, pour exécuter les travaux, un bataillon du génie. Un tiers de la route était déjà terminé ; mais je suppose que la mort d'Abbas aura tout arrêté, et qu'il n'est plus question depuis longtemps de ce château fantastique du mont Sinaï.

On a prétendu que ce projet insensé cachait une arrière-pensée politique. Depuis un certain temps, en effet, Abbas-Pacha faisait une cour assidue aux Bédouins établis sur les frontières de la Syrie ; il les attirait près de lui, les accueillait gracieusement, et, les ayant été lui-même visiter, leur avait promis de leur confier un de ses fils, afin qu'élevé par eux, il pût se pénétrer de leurs mœurs et de leurs coutumes, ainsi que cela se pratique en Arabie, où les fils aînés des chérifs quittent leur famille quelques jours après leur naissance, et passent du harem de leur mère sous la tente des hommes de la tribu, pour s'y rompre aux exercices du corps, s'y endurcir à la fatigue et s'y faire un nom. Voici quels étaient, dit-on, l'arrière-pensée et le but secret du Pacha d'Égypte. Voyant la Porte engagée dans une guerre ruineuse avec la Russie, il espérait profiter de son épuisement pour ressaisir, avec l'aide des Bédouins, les possessions que son grand-père, Méhémet-Ali, avait conquises en Syrie et que l'Europe l'avait forcé d'abandonner.

En attendant, il n'envoyait que de mauvaise grâce et, pour ainsi dire, homme par homme, écu par écu, les subsides en troupes et en argent qu'il devait à son suzerain pour les besoins de la guerre. En apprenant la catastrophe de Sinope, où la flotte égyptienne a péri presque tout entière, il s'était répandu en invectives furieuses non contre le czar, mais contre le sultan ; et, à ce propos, je veux citer un trait qui peint l'homme. On se rappelle que, dans cette journée désastreuse, le commandant d'un bâtiment égyptien se fit sauter, lui et son navire, plutôt que de se rendre à l'ennemi. Cette intrépide action fut admirée par tout le monde, excepté par Abbas : incapable de comprendre le courage, le dévouement, il ne voyait là qu'un vaisseau perdu. *Pesevink!* s'écria-t-il avec colère. Cette grossière injure qu'il avait toujours sur les lèvres, comme la plupart des Turcs, et qui est le *ruffiano* des Italiens, fut toute l'oraison funèbre de ce brave marin. S'il avait pu revenir des abîmes de l'Océan, il n'est pas douteux qu'Abbas ne l'y eût fait replonger incontinent pour le punir de son héroïsme.

De Tor au couvent du mont Sinaï, on compte vingt-cinq lieues, c'est-à-dire que les chameaux emploient vingt-cinq heures à faire le voyage. La route que j'étrennais pour ainsi dire, étant l'un des premiers voyageurs, sinon le premier, à la parcourir, se dirige au nord en inclinant vers l'est; partie de la mer, elle s'en éloigne insensiblement pour se rapprocher du mont Serbal. Si, au lieu de tourner cette vaste muraille de granit, ou pouvait la franchir en ligne droite, on abrégerait de beaucoup le chemin. Mais la chose n'est pas possible. La route ne se distingue du terrain qui l'entoure que par sa solidité, ce qui permet aux chameaux d'y marcher plus vite que dans le sable où leur sabot enfonce malgré sa largeur; elle n'a d'ailleurs ni stations ni diligences, comme celle de Suez, et n'est fréquentée par personne. Dans tout le cours de la journée nous n'y fîmes pas une seule rencontre; je me trompe : on en fit une, et voici laquelle.

Une demi-douzaine de Bédouins, arrêtés au bord du chemin avec leurs chameaux, semblaient nous attendre au passage, et de fait nous les eûmes à peine rejoints qu'une discussion animée s'engagea entre eux et nos chameliers. De quoi s'agissait-il? je ne saurais le dire précisément. Je devinai seulement, par les mots *djemel* et *talari*, cent fois répétés, que nos chameaux étaient en cause, et qu'il était question d'argent. Les Touara, ou Bédouins de Tor, se divisent en plusieurs tribus, celles entre autres des Sovaléha, des Mezeïné et des Aleïghat, qui occupent chacune un district déterminé du désert, et partagent entre elles le droit de louer des chameaux aux marchands, aux voyageurs. Il résulte de cet arrangement des conflits perpétuels, souvent très-compliqués; et c'était probablement à une contestation de ce genre que nous assistions, sans y prendre aucune part, bien entendu. Quoi qu'il en fût, on déchargea, après bien des paroles, deux de nos chameaux qui furent remplacés par deux autres, et cette transaction parut satisfaire les parties. Quant à nous, nous avions profité de cette halte assez longue pour faire faire le café par celui de nos domestiques dont c'était l'emploi; car, en Orient, chaque serviteur a ses fonctions particulières : nous l'offrîmes à toute la société, et l'on se sépara les meilleurs amis du monde.

Cette petite scène de mœurs avait eu lieu sur la lisière d'une oasis de dattiers beaucoup moins belle et moins touffue que celle de Hammam, dont elle est voisine et n'est sans doute que la continuation. Non loin est un puits libre, défendu contre l'envahissement des sables par une margelle en maçonnerie; j'appelle libre un puits qui appartient à tout le monde : ceux du désert sont d'ordinaire la propriété de la tribu sur le territoire de laquelle ils se trouvent, et celle-ci exige une rétribution des étrangers qui y viennent, de très-loin quelquefois, abreuver leurs troupeaux et leur famille. Cette oasis passée, on ne découvre plus d'autre végétation que quelques arbres ou arbustes rabougris qui ne donnent pas d'ombre et ont à peine des feuilles.

Jusque-là fort beau, le temps était devenu tout d'un coup menaçant : le ciel avait pris des tons plombés et jaunâtres de mauvais augure ; de grands nuages noirs l'avaient envahi tout entier en quelques instants ; une obscurité lugubre nous environnait. La mer soulevée rugissait au loin ; le tonnerre grondait sourdement par delà les montagnes et se rapprochait à chaque détonation ; de larges gouttes de pluie tombaient déjà sur nous. Tout présageait un ouragan terrible. Les chameaux ni les chameliers ne manifestaient pourtant aucune inquiétude, et leur instinct ne les trompa point. Par une péripétie aussi brusque que la première, la mer s'apaisa, le tonnerre s'éloigna, puis se tut ; les nuages se dissipèrent comme par enchantement, et le ciel reprit sa sérénité accoutumée.

Nous avions eu toute la journée à notre gauche une plaine sablonneuse et solitaire qui se prolonge jusqu'à la mer, à peine visible par échappées, et, à notre droite, la longue chaîne aride du Serbal. Le soir nous en atteignîmes l'extrémité, après huit ou neuf heures de marche. C'est là, à l'entrée du val d'Hébran, qu'était campé le bataillon du génie employé à la route ; alignées militairement et serrées les unes contre les autres, les tentes produisaient l'effet le plus pittoresque au milieu de la solitude du désert, et tranchaient par leur blancheur sur le fond déjà noir du crépuscule. Comme nous traversions le camp abandonné le jour, pendant les heures du travail, les soldats y rentraient, leurs outils sur l'épaule, comme de simples manœuvres, après le dur labeur de la journée. Cette grande agglomération d'hommes, dans un pays dénué de tout, avait dévoré ses dernières ressources et l'avait, en s'y prolongeant, tellement épuisé, que la famine y régnait. Les Bédouins n'avaient plus de quoi nourrir ni eux ni leurs chameaux, et nous avions en vain nous-mêmes cherché à Tor un mouton pour les besoins du voyage ; nous n'en avions trouvé ni pour or ni pour argent. En ayant, par miracle, rencontré un que son propriétaire allait vendre au camp, il nous en demanda un prix si exorbitant, et le pauvre animal était d'ailleurs si maigre, que Gasparo Mazzanti, notre cuisinier, se refusa obstinément à conclure le marché. Les provisions nécessaires aux troupes étaient presque toutes apportées du Caire ; qu'on juge d'après cela ce que devait coûter à l'Égypte le caprice extravagant de son nouveau Pharaon.

Les deux ingénieurs français chargés de la construction de ce ruineux et inutile ouvrage, et dont j'ai parlé plus haut, MM. Mouchelet et Aïvas, étaient établis en éclaireurs un mille ou deux en avant du camp, dans la partie la plus sauvage du val, et au bord d'un ruisseau qui le traverse dans toute sa longueur. La nuit était venue, et ce ne fut pas sans peine que nous parvînmes jusqu'à eux au milieu des ténèbres et des rochers. Nous y réussîmes enfin, et notre tente fut dressée à côté de la leur ; je dis notre, car la mienne ayant été brûlée, comme on l'a vu, à Suez, où je n'avais pu la remplacer, j'étais obligé de partager provisoirement celle de mon compagnon de voyage. J'apportais à ces messieurs des lettres de leurs amis du Caire, et je reçus d'eux l'accueil le plus cordial, l'hospitalité la plus franche, sans compter une foule de renseignements précieux sur la contrée.[1]

Le soleil se lève tard dans ces profondeurs ; je fus frappé, lorsqu'il parut, de la grandeur du spectacle qu'il vint éclairer à mes yeux, et dont la veille au soir, en arrivant, je n'avais aperçu que l'ombre à travers l'obscurité. Le val d'Hébran n'est qu'un étroit défilé taillé à pic dans le mont Serbal d'un côté, et de l'autre dans une chaîne de même formation, appartenant au même système, et qui se prolonge dans la même direction. Ces deux chaînes n'en formaient visiblement qu'une, et leur masse compacte semblait défier à jamais toutes les forces destructives de la nature. Quand et comment furent-elles séparées? Quel agent puissant, irrésistible, opéra cette violente rupture et creusa dans le granit une si profonde entaille? Est-ce l'eau? est-ce le feu?

L'une ou l'autre hypothèse est également admissible.

Quoique la nature garde le secret de ses révolutions et que nul souvenir écrit ne les consacre, puisque nul regard humain ne les a contemplées, les traces matérielles en restent empreintes et fixées en traits indélébiles à la surface du globe, pour servir de jalons à la science sur la route des siècles. Précipités des hauteurs dans les abîmes, d'énormes blocs granitiques accusent par leur présence un bouleversement prodigieux, et sont là gisant pêle-mêle, au fond de cette fosse immense, comme les cadavres révélateurs d'un monde antérieur à l'homme. Ne cherchez ici ni ombre ni verdure ; à l'exception d'un maigre palmier perdu sur une roche en saillie, vous n'y trouveriez pas un arbre, pas un brin d'herbe ; partout le roc nu, partout la désolation et la mort. Cette gorge horrible et sublime est le digne vestibule du mont Sinaï.

La grande route s'arrêtait alors dans cet endroit et se continuait avec une activité extraordinaire, mais trop lente encore au gré de l'impatient Abbas. Pressés par lui, les ingénieurs ne triomphaient qu'à grand'peine, à force de poudre et de bras, des difficultés du terrain. Il fallait faire sauter à chaque pas d'énormes quartiers qui bondissaient avec fracas dans le lit du ruisseau ; obstruée dans son cours, l'eau se répandait de toute part et inondait les bas-fonds. Comme les Arabes font tout en cadence, l'écho des montagnes répétait le chant des travailleurs, interrompu souvent par les détonations de la mine et le roulement des rochers. Ce n'était pas une petite affaire pour nous que de sortir sains et saufs de ce chaos d'eau, de pierres et d'hommes. Nous n'avions pu nous en tirer qu'à pied; car les dromadaires, créés pour les sables et les terrains plats, étaient plus embarrassés que nous dans cette inextricable mêlée. On me fit remarquer, en passant, une vasque naturelle où l'eau paraît dormir comme dans une baignoire, et qu'on appelle, je ne sais pourquoi, le Bain du Chrétien.

Après avoir franchi ce mauvais pas, sinon sans fatigue et sans danger, du moins sans accident, nous atteignîmes une partie du val plus unie et plus large, où le ruisseau prend sa source : c'était passer sans transition d'un enfer de pierre à un paradis de verdure. L'eau s'échappe de terre en bouillonnant au milieu d'une herbe touffue, et de charmants bouquets de palmiers croissent à l'entour; ils se multiplient au point de former, en quelques endroits, des bois impénétrables aux rayons du soleil. Le contraste rend plus précieuse et plus chère cette oasis inattendue. A mesure qu'on avance, le pays s'ouvre des deux côtés, et l'on passe insensiblement du défilé d'Hébran dans l'ouadi du même nom. Les Arabes appellent *ouadi* une vallée spacieuse et ordinairement plantée d'arbres. C'est le *thal* des Allemands, combiné avec la *huerta* des Espagnols.

L'ouadi Hébran n'a pas d'autre végétation que les dattiers qui en ombragent l'entrée, et qui, s'éclaircissant peu à peu, finissent par disparaître tout à fait. Le sol est dur et pierreux, les montagnes latérales d'une stérilité complète ; mais la hardiesse de leurs formes en rachète la nudité. Le Serbal, qu'on laisse derrière soi après l'avoir tourné, les dépasse toutes en hauteur, et ses larges flancs dénudés couvrent de leur masse plusieurs lieues de pays. Un mince filet d'eau, que la sécheresse universelle fait seule remarquer, porte le nom menaçant de fontaine du Tigre ; mais ce nom est plus effrayant que conforme à la vérité locale, attendu qu'il n'y a point de tigres dans la contrée : il n'y a que des léopards. La vallée est fermée de ce côté par le Nagb ou col d'Hébran, nommé aussi de l'Adjani, montée infernale où la vie du cavalier dépend d'un faux pas de sa monture, tant le sentier est escarpé, rocailleux et rapproché du précipice ; aussi fîmes-nous à pied cette longue, cette interminable montée : le supplice dura une heure, un siècle. Du sommet l'œil plane sur un dédale de vallées enchevêtrées les unes dans les autres, et où l'instinct d'un Bédouin est seul capable de s'orienter : toutes sont bordées et bornées par des collines ou des montagnes pittoresquement découpées et dénuées de toute végétation. Malgré son aridité, ce point de vue est saisissant; je n'en pouvais détacher mon regard ni ma pensée, en songeant que Moïse et son peuple, le peuple de Dieu, ont campé dans ces solitudes.

Après avoir monté le col, il fallait le descendre, et le descendre à pied, seconde heure de fatigue; de ce côté, le sentier est pire que de l'autre, si c'est possible. Quoique non montés, et libres par conséquent de leurs mouvements, les dromadaires eux-mêmes bronchaient à chaque pas; et, quant aux chameaux qui portaient notre bagage, les chameliers étaient obligés de soutenir leur charge des deux côtés, pour l'empêcher de tomber dans les abîmes. Le cheval, et surtout le mulet, seraient beaucoup mieux appropriés que le chameau à de pareils chemins; mais les Touara ne possèdent ni l'un ni l'autre. On atteignit enfin, trébuchant et roulant, le pied de cette abominable côte, et l'on entra dans une nouvelle vallée, l'ouadi Es-Slaf.

Les chameaux, grâce à Dieu, se retrouvaient là sur leur terrain, c'est-à-dire sur un chemin sablonneux et uni; mais il n'y a que cela de changé: les montagnes de ce nouvel ouadi ont le même caractère, sont aussi nues, aussi désolées que les précédentes. En revanche, le sable était émaillé de jolies fleurs blanches, jaunes et violettes, qui en tempéraient le scintillement et qui reposaient la vue. On trouve encore dans ces vallées le *tarfah*, arbuste d'où sort la manne, cette ambroisie céleste des Hébreux, et tout autour de nous s'élevaient de grosses touffes de *rattam*, herbe qui a la propriété de brûler verte, ce qui la rend précieuse dans ces déserts sans bois : elle nous fut ce soir-là d'un grand secours, car le vent était très-piquant, et, quoique notre petit camp en fût abrité par un monticule de granit, nous aurions souffert du froid sans le feu vif et pétillant qu'elle nous permit d'allumer et d'alimenter toute la nuit. Cette nuit était la première que je passais réellement au désert; la veille j'étais en Europe, sous la tente des deux ingénieurs français; et quant au désert de Suez, où j'avais précédemment campé, je persiste à lui refuser le nom de désert, vu ses stations, ses diligences, son télégraphe, et ses autres nouveautés européennes. Ici rien de semblable : point de route, pas un toit, pas un homme ; partout la solitude et le silence.

Le matin, le vent était plus froid encore que le soir, et, quoique le soleil fût radieux, il ne réchauffait pas du tout l'atmosphère. On partit tard : un chameau d'humeur turbulente s'était échappé après avoir été chargé, et avait déserté avec armes et bagages ; il fallut du temps à son conducteur pour le rattraper, et il ne se laissa pas ramener sans une vigoureuse résistance. On marcha toute la matinée sur un terrain parfaitement uni et toujours sablonneux : même nature que la veille, mêmes montagnes, même horizon. Plusieurs vallées débouchent des deux côtés dans celle que nous traversions; la plus large et la plus fréquentée par les caravanes est l'ouadi Feiran, qui s'ouvre à gauche et descend jusqu'à la mer. Comme nous passions devant, il en sortait un Bédouin à pied, qui nous croisa d'un air farouche sans nous saluer, et qui, sans même avoir détourné la tête, disparut derrière un rocher. C'était notre première rencontre depuis le val d'Hébran. Non loin est un cimetière ; n'ayant point de demeure fixe où ils puissent déposer leurs morts, les Bédouins les enterrent dans la solitude : une pierre brute est l'unique signalement de ces tombes abandonnées, et les protége seule contre l'immonde appétit des chacals. L'Indien des savanes emporte avec lui les os de ses ancêtres ; l'Arabe du désert les confie à la garde de son Prophète.

Enfin, l'on attaqua le col du Couvent, ainsi nommé parce que le couvent du Sinaï en est voisin. Dernier rempart élevé par la nature entre la mer Rouge et ce mont Sinaï, réservé à de si grandes destinées, ce pas est beaucoup plus élevé, plus large et plus effrayant encore que le défilé d'Hébran, qui n'en saurait donner qu'une bien faible idée. Nulle part en Europe, pas même dans les régions les plus sauvages, les plus tourmentées des Alpes et des Carpathes, je n'ai rien vu d'aussi terrible : c'est l'image du chaos, non du chaos qui précéda la séparation des éléments, mais de celui qui suivra la destruction du globe. De telles scènes défient toute description; le pinceau de Salvator Rosa serait seul capable d'en peindre l'horreur.

Qu'on se figure une énorme montagne de granit renversée tout à coup, bouleversée, mise en pièces par un tremblement de terre épouvantable, ou par le choc d'un corps céleste, jonchant de ses vastes décombres les abîmes béants autour d'elle, et portant sur ses flancs démantelés la trace ineffaçable de cette effroyable convulsion. Rien n'est changé depuis la catastrophe; elle aurait eu lieu la veille, que le spectacle n'en serait pas plus saisissant. Déchirés, fracassés, de toutes couleurs, de toutes formes, les rochers sont aussi nus que le premier jour ; les siècles ont passé sur eux sans y laisser un grain de terre végétale, et rien qui ait vie n'a jamais pu prendre racine dans ce morne et stérile empire de la mort ; à peine quelques touffes d'absinthe pointent-elles çà et là dans les gerçures du roc ; un palmier chétif, un figuier plus chétif encore, sont les seuls arbres qu'on découvre aussi loin que porte la vue. Des cavernes sont creusées dans les entrailles du granit ; fendus, fracturés en tombant, les blocs inférieurs sont sillonnés de larges fissures, dont les arêtes sont encore aussi vives que le jour de leur chute ; plusieurs sont percés de niches quadrangulaires, visiblement partiquées par la main des hommes dans un but inconnu, par celle peut-être des Hébreux, qui durent nécessairement franchir, Moïse à leur tête, ce redoutable passage. La seule voix de ce lieu sinistre est un écho que le hasard n'éveille que bien rarement, mais qui alors devient formidable ; répété par lui mille et mille fois, un coup de feu semble un coup de tonnerre, et la montagne en est ébranlée jusque dans ses fondements ; puis tout rentre dans le silence pour des jours, des mois entiers.

De là au couvent, il n'y a qu'un pas ; à trois heures nous y étions rendus.

Avec ses hautes murailles en granit et les trois grandes bannières de Moïse, de Saint-Georges et de Sainte-Catherine, arborées au faîte, on le prendrait bien plutôt pour une forteresse que pour un monastère ; et c'est une forteresse, en effet. Bâti au sein du désert et sur terre musulmane, il a à se défendre à la fois contre deux ennemis, le fanatisme et la cupidité : attirés par ses richesses, les Bédouins ont tenté contre lui plus d'une expédition, et il a dû prendre contre eux des précautions militaires. Outre deux pièces de canon, il possède un arsenal fourni d'armes de toute espèce : ce n'est pas trop mal pour des hommes de paix. La grande et unique porte de ce vaste édifice est murée depuis près de deux siècles, et ne s'ouvre que dans les grandes circonstances, pour recevoir la visite de quelque haut dignitaire de l'Église grecque, ce qui arrive à peine tous les trois ou quatre ans. En temps ordinaire, il est clos hermétiquement : on ne pénètre alors dans la place que par une sorte de meurtrière percée dans le mur, à quarante pieds du sol, et où l'on est hissé par des cordes ; encore faut-il parlementer et décliner ses noms et qualités.

Descendus de dromadaire au pied des murailles, un coup de sonnette annonça notre arrivée ; la tête du frère tourier parut à la meurtrière, et une longue ficelle, déroulée par lui, vint chercher une lettre d'introduction que Costa nous avait remise pour le supérieur. La réponse se fit attendre assez longtemps ; enfin elle arriva. Nous fûmes introduits, non par le tour, dont on nous fit grâce, mais par une poterne récemment pratiquée en dépit de la consigne et de la prudence, de l'autre côté du bâtiment, et qui, en cas d'attaque, pourrait être murée en quelques minutes. La poterne franchie, non sans m'être plié en deux, tant elle est basse, je traversai plusieurs cours inégales et irrégulières, puis un souterrain fermé par une grille en fer, puis d'autres cours encore, et je parvins enfin, par un escalier de bois, dans la partie du cloître consacrée aux étrangers, et où deux touristes du Nouveau-Monde étaient déjà installés.

Les appartements destinés aux voyageurs donnent sur une galerie d'où la vue plonge sur tout l'édifice : on croirait voir un gros village entouré de murs. On n'y doit chercher ni ordre ni plan : c'est un dédale de bâtisses entassées pêle-mêle les unes par-dessus les autres, selon les accidents du terrain et la commodité des habitants, un véritable chaos. La chose qui frappe tout d'abord est une mosquée surmontée de son minaret, et plantée au beau milieu de l'enceinte. Cette condition, tyrannique et dure pour des chrétiens, fut imposée aux moines par le sultan Sélim, pour prix de sa tolérance et de certaines immunités temporelles accordées à la communauté. Le firman qui les concède est, dit-on, conservé dans les archives ; mais on ne me le fit point voir, et, qu'il existe ou non, personne, à ma connaissance, ne l'a jamais vu. On fait même remonter à Mahomet les franchises du monastère, et la chose n'est matériellement pas impossible. Fondé par l'empereur Justinien et son épouse Théodora, l'an 527 de l'ère chrétienne, il précéda, par conséquent, d'un siècle l'hégire musulmane : rien donc ne s'oppose à ce que le Prophète le soit venu visiter ; la tradition arabe l'affirme : elle ajoute même qu'il fut enlevé au ciel du haut du mont Sinaï.

Autant la mosquée étonne et frappe par sa présence, autant l'église est peu visible au premier coup d'œil ; rien ne la distingue des toitures et des terrasses au milieu desquelles elle est noyée : mais elle rachète sa modeste apparence par sa magnificence intérieure. C'est un fort beau vase semi-byzantin, semi-roman, soutenu par des colonnes de granit malheureusement blanchies à la chaux, et dans le fût desquelles on a taillé des croix grecques, ce qui en rompt la ligne et en gâte l'effet. L'essence de la colonne est d'être nue, parfaitement unie ; et, quoique d'invention antique, la cannelure elle-même me semble une altération de la simplicité primitive, une dégénérescence de l'art. Mais ce n'est ni la simplicité ni l'art qu'il faut chercher dans les églises grecques. Celle-ci manque de tous les deux ; le clinquant et le mauvais goût y choquent à chaque pas.

Le plafond est bleu et or, pour figurer le firmament étoilé, et il en pend des lustres d'une forme beaucoup trop moderne, et peu appropriés, quoique assez riches, à l'austérité d'un temple chrétien. J'en dirai autant du maître autel, trop chargé de nacre et d'écaille, et des croix ornées de pierres précieuses, ou soi-disant telles, qu'on y expose avec ostentation à l'admiration plutôt qu'à la piété des fidèles. Il est vrai que ce sont pour la plupart des présents d'opulents boyards de l'Église schismatique. S'étant constitué le protecteur de ses coreligionnaires de l'empire Ottoman, l'empereur Nicolas n'a point oublié ceux-ci, et ils ont reçu plus d'un témoignage de sa munificence intéressée. Toutes ces richesses sont de plus ou moins bon aloi ; rien, d'ailleurs, n'est ancien, rien du moins ne paraît l'être. J'en excepte la grande porte d'entrée, qui est d'une vétusté non douteuse, et incrustée d'émaux sur métal d'un travail remarquable, où j'ai cru déchiffrer le millésime du XIIe siècle.

Ne pouvant ni ne voulant tout citer, je ne mentionne que pour mémoire des peintures byzantines d'un intérêt médiocre, les portraits tout aussi peu intéressants de notabilités inconnues, ou de saints du calendrier grec, une grande image de la Transfiguration, et enfin, les médaillons des deux fondateurs, l'empereur Justinien et l'impératrice Théodora, son épouse. Mais je ne saurais passer sous silence la mosaïque qui revêt la voûte de l'abside et où l'on voit Moïse à genoux devant le buisson ardent, et plus bas, recevant les tables de la loi. Il est à remarquer que le législateur des Juifs n'y est point représenté, et ne l'est jamais en Orient, sous la figure sévère et patriarcale qu'on lui donne en Europe, et que Michel-Ange a consacrée dans son chef-d'œuvre de Saint-Pierre-aux-Liens, mais sous celle d'un jeune homme sans barbe, vêtu d'une tunique bleue et d'un manteau blanc. Une chapelle lui est dédiée à la gauche du maître autel, sur la place même où brûla le buisson de feu, du moins à ce que disent les caloyers; aussi ne souffrent-ils pas qu'on foule ce sol divin sans avoir déposé sa chaussure, comme à la porte des mosquées. Admirez la puissance de l'imitation et la contagion du voisinage : les pratiques de l'islamisme ont ici déteint jusque sur des ministres de Jésus-Christ.

Cette Grande-Chartreuse de l'Orient était connue autrefois et fut probablement fondée sous le nom de couvent de la Transfiguration; elle est aujourd'hui sous l'invocation et sous la protection de sainte Catherine, dont elle possède les reliques. Cette illustre néophyte du IVe siècle s'appelait, de son vivant, Dorothée; le nom de Catherine, qu'elle reçut après sa mort, vient du mot syriaque *cethar*, couronne, et lui fut donné parce qu'elle réunit, dit saint Jérôme, la triple couronne de la virginité, du martyre et de la science, car c'était une savante avant d'être une sainte : elle opérait la conversion des philosophes qui entreprenaient la sienne, et fut longtemps la patronne des écoles de philosophie, comme elle l'est encore des écoles de filles. Ses restes sont déposés dans un tombeau fastueux autour duquel des lampes et des cierges brûlent nuit et jour, et qui attire chaque année un grand nombre de pèlerins.

Pour en finir avec l'église de sainte Catherine, et pour être fidèle à la vérité, je dois ajouter qu'elle est fort bien tenue et d'une propreté irréprochable; mais elle a des cloches assez maigres et peu dignes d'un sanctuaire si célèbre, si vénéré. Elle possède, en manière de compensation, une espèce de carillon qui n'est, je le pense bien, qu'une barre de fer sur laquelle on frappe avec un marteau, et un autre en bois, tout aussi rudimentaire, dont le sonneur jouait tout le long du jour, comme on use de la crécelle, en Italie, le vendredi saint.

La bibliothèque est assez pauvre de livres intéressants, et tous traitent de sujets religieux; elle est riche, en revanche, en manuscrits arabes et grecs, même slaves, d'où l'on pourrait sans doute tirer d'utiles renseignements. Mais les moines en sont jaloux, sans les lire, et ne les produisent guère; ils se contentent de montrer aux visiteurs, à titre de curiosité, le psautier diamant de sainte Cassine et un évangéliaire en lettres d'or où l'empereur Théodose faisait ses dévotions.

Les caloyers ne mettent jamais le pied dans leur bibliothèque; mais ils fréquentent volontiers leur jardin, situé hors de l'enceinte des murs, et où j'avais remarqué, en arrivant, quelques oliviers, un cyprès magnifique et des amandiers en fleur; il leur donne, en outre, des figues, des raisins et des poires fort renommées au Caire. Le couvent possède un autre jardin, plusieurs même, à ce que je crois, dans quelques vallées du voisinage. Le puits intérieur de la maison est le même où Moïse, fuyant l'Égypte après son meurtre et avant sa mission, rencontra les sept filles de Jethro qui venaient y puiser de l'eau pour abreuver les troupeaux de leur père, sacrificateur de Madian : or des pasteurs, étant survenus, les chassèrent; mais Moïse les secourut et puisa de l'eau pour elles, et leur père l'ayant appris, lui donna en mariage Séphora, l'une d'elles, et Moïse devint berger des troupeaux de son beau-père [1].

Cette grande citadelle religieuse est enveloppée et serrée de très-près par de hautes crêtes qui toutes ont un nom particulier : au nord, le mont des Juifs et le mont Horeb; au sud, le mont de Saint-Épistème, et, vers l'est, le mont de Moïse, où la tradition veut que le libérateur d'Israël ait fait paître les troupeaux de Jethro, bien qu'il n'y croisse pas un brin d'herbe; au couchant, la vallée s'élargit, et les montagnes s'écartent insensiblement pour faire place à une assez vaste plaine, la seule localité des environs assez spacieuse pour contenir une

---

1. *Exode*, chap. II, ⚓ 16 et suiv.

multitude : c'est évidemment là que durent camper les Hébreux, et c'est là, en effet, qu'on montre la pierre d'Aaron, laquelle, à ce qu'on prétend, servit de piédestal au veau d'or.

Tout ce paysage est d'une sévérité et d'une grandeur incomparables. Le sommet et les flancs des montagnes sont absolument nus comme toutes celles que nous avons rencontrées jusqu'ici ; mais le soleil y produit à toutes les heures du jour, le soir surtout, et encore plus le matin, des effets de lumière si variés, si admirables, qu'ils compensent amplement l'aridité du site et qu'on ne le voudrait pas autrement. Cette palette magique a des tons inimitables, indescriptibles. Restée sombre et vaporeuse longtemps après l'apparition du soleil, la montagne de Moïse, derrière laquelle il se lève, forme le fond du tableau ; les parties basses plongent encore dans l'ombre que déjà les hauteurs sont illuminées. Le mont Horeb et celui de Saint-Épisthème prennent alors des teintes rouges et métalliques où les anfractuosités du roc projettent des ombres noires et tranchées si fortement qu'elles en font ressortir encore l'éclat : on dirait des torrents de lave échappés d'un cratère et prêts à incendier le monastère, le pays tout entier.

La montée du Sinaï commence à la porte du couvent ; le sentier suit une gorge étroite entre le mont Horeb et le mont des Juifs, et l'on y a pratiqué, pour la commodité des pèlerins qui doivent le gravir à genoux, des espèces de marches qui faciliteraient l'ascension si elles étaient mieux entretenues. On rencontre d'abord la fontaine du Cordonnier, dont le nom rappelle une légende locale. On trouve ensuite une chapelle dédiée à la Vierge, qu'une autre légende fait voyager jusqu'ici. On monte encore quelques marches, et l'on arrive sur un plateau fermé de toutes parts et ceint de pics monstrueux, dont l'un, celui de Sainte-Catherine, n'a pas moins de huit mille cinq cents pieds au-dessus de la mer Rouge. L'Horeb et le Sinaï ne lui cèdent guère en élévation ; c'est la limite des neiges éternelles sous des latitudes plus septentrionales. De quelque côté qu'on porte la vue et aussi loin qu'elle peut s'étendre, on ne découvre que des masses de granit rougeâtres, escarpées, décharnées, telles absolument qu'elles ont été soulevées des entrailles du globe ; aucune plante n'y a jamais crû, aucune n'y pourrait croître. Un arbre, cependant, mais un seul, s'élève au milieu de cette aride enceinte : c'est un cyprès d'une grosseur peu commune, et dont la sombre tête, semblable à une pyramide sépulcrale, résiste, depuis des siècles, à toutes les tempêtes. A ses pieds s'ouvre un puits dont l'eau fraîche et limpide n'abreuve personne ; car personne n'habite, et même, hormis quelques voyageurs, personne ne traverse ces redoutables solitudes.

Je fis une très-longue halte au bord de ce puits abandonné, à l'ombre de ce cyprès monumental, me pénétrant, m'emparant, pour ainsi dire, de ce paysage austère et grandiose, si mélancolique, si solitaire, si plein de prestige, peuplé de tant de souvenirs et qui resplendit aux yeux de l'esprit, comme à ceux du corps, d'une auréole immortelle. A l'aspect de cette nature émouvante on sent qu'il a dû s'y passer quelque chose de grand, d'immense ; qu'elle fut créée et formée d'avance pour être le théâtre d'augustes mystères, d'éclatants prodiges, et l'on comprend que Dieu l'ait choisie pour s'y révéler à ses prophètes.

Que d'événements, que de siècles n'embrasse-t-on pas d'un regard ! Voici d'abord ce Sinaï fulgurant du haut duquel fut promulguée, au milieu des éclairs et du tonnerre, la loi du peuple élu, cette loi vivante encore après tant de siècles ; plus bas est la grotte où Moïse passa quarante jours et quarante nuits au désert, en présence et dans le commerce intime du Dieu qui l'inspirait ; en face est l'Horeb, où, prosterné devant le buisson ardent, il avait reçu d'en haut sa mission divine, et je voyais à quelques pas une autre caverne où Élie, cet autre prophète, l'un des plus grands en Israël, eut, lui aussi, sa vision, l'une des plus terribles dont fassent mention les Écritures. Écoutons l'historien sacré qui la raconte ; on ne saurait mieux rendre les émotions puissantes dont l'âme est ici troublée, qu'en citant ses propres paroles; car c'est ici, on le devine, on le sent, qu'elles ont été inspirées, sinon écrites, et chacune d'elles porte le cachet de ce lieu sublime :

« Élie marcha quarante jours et quarante nuits, jusqu'à Horeb, la montagne de Dieu. Et là, il entra dans une caverne, et il y passa la nuit. Ensuite la parole de l'Éternel lui fut adressée, et l'Éternel lui dit : « Sors et tiens-toi sur la montagne devant « l'Éternel. » Et voici, l'Éternel passait, et un grand vent impétueux, qui fendait les montagnes et brisait les rochers, allait devant l'Éternel; mais l'Éternel n'était point dans ce vent. Après le vent se fit un tremblement de terre; mais l'Éternel n'était point dans ce tremblement. Après le tremblement s'alluma un feu; mais l'Éternel n'était point dans ce feu. Après le feu passa un souffle doux et subtil; à ce moment, Élie se jeta la face contre terre et se couvrit le visage de son manteau, car il avait reconnu dans ce souffle la présence de l'Éternel [1]. »

Ne semble-t-il pas, en lisant ces magnifiques paroles, qu'on assiste aux révolutions géologiques qui ont remué si profondément ces terres prédestinées? Ce tremblement de terre effrayant qui agite les montagnes, cet ouragan furieux qui les fend et les renverse, ce feu ardent qui les calcine et les stéri-

---

1. *Rois*, liv. I, chap. XIX, ϒ 8 et suiv.

lise, qu'est-ce autre chose sinon les agents souterrains ou extérieurs de ces grandes perturbations de la matière, telles que la science de nos jours les conçoit et les explique ? La vision d'Élie ne serait donc que l'intuition, et comme la seconde vue des bouleversements physiques dont chaque rocher porte ici l'empreinte indélébile. Et ce souffle doux et subtil qui succède au désordre des éléments, et où le prophète sentit la présence de Dieu, — *non in commotione Deus*, — c'était bien Dieu en effet, c'est-à-dire l'intelligence qui, la nature une fois apaisée, reprend sur elle tous ses droits, en étudie les phénomènes, en mesure les forces, en sonde les mystères, et, s'élevant du fait matériel à la compréhension des lois et des causes, s'associe à la pensée, à l'œuvre du Créateur, en pénétrant les secrets de la création.

Nulle part cette étude n'offre un intérêt plus puissant, car nul point du globe n'est plus fait en soi-même, indépendamment du double prestige de l'histoire et des traditions, pour éveiller l'attention et captiver l'esprit. La presqu'île sinaïtique a la forme d'un triangle dont un des côtés la relie au continent, tandis que l'angle opposé s'avance en éperon dans la mer; les deux autres côtés sont baignés par deux golfes, celui de Suez au nord, et au midi celui d'Akaba. A l'exception de quelques bancs calcaires dans les régions inférieures, c'est une terre de première formation, hérissée de pics et d'arêtes appartenant tous au même système et partant d'un centre commun. Dans les bas-fonds serpentent des vallées étroites, sablonneuses, et sans autre végétation que quelques oasis de dattiers dans le voisinage des fontaines et des puits.

Le massif du Sinaï occupe le milieu de l'isthme et domine toute la presqu'île. On devine le spectacle dont on jouit du haut d'un belvédère tel que celui-là. L'œil plonge d'un côté et de l'autre sur les deux golfes dont il suit, comme sur une carte, toutes les découpures, et dont l'un, celui d'Akaba, est fermé par l'île de Tiran; au couchant, on découvre, par-dessus toutes les vallées et toutes les hauteurs qu'on a sous ses pieds, la mer Rouge, qui, vue de là, apparaît comme un fleuve et n'est point assez large pour empêcher de distinguer nettement la côte d'Afrique; cette côte est d'autant plus visible qu'elle est bordée de vastes montagnes, par delà lesquelles est un autre désert cher aux premiers anachorètes du christianisme, cette Thébaïde où ils allaient chercher, dans le silence et le recueillement de la solitude, un avant-goût de la paix éternelle; enfin vers l'orient, dans la direction de la Syrie, le regard et la pensée se perdent dans les profondeurs d'un désert sans bornes, celui-là même où les Hébreux errèrent pendant quarante années avant d'entrer dans le pays de Chanaan.

Je remarque en passant que ce nombre quarante, qui s'est rencontré plusieurs fois sur notre route, revient fréquemment dans l'Ancien Testament et même dans le Nouveau : les Juifs errèrent quarante ans au désert; Moïse s'y recueillit quarante jours avant d'accomplir sa mission; Élie marcha quarante jours et quarante nuits avant de se reposer dans la caverne de l'Horeb; Jésus jeûna quarante jours dans la solitude, et resta quarante heures dans son tombeau avant de ressusciter. Il semble que ce nombre, qui pourtant n'est un composé ni de trois ni de sept, les deux nombres sacrés, avait chez les Juifs quelque chose de sacramentel, je dirai presque de cabalistique, et qu'il possédait une vertu occulte dont le sens est perdu.

Le faîte du Sinaï porte une chapelle chrétienne consacrée à Moïse; les musulmans, qui professent pour ce grand prophète une vénération au moins égale à celle des chrétiens, y ont aussi élevé une mosquée en son honneur, et de plus ils ont donné son nom à la montagne, Djebel-Mousa. Mahomet lui-même y vint en pèlerinage, et c'est d'ici qu'il fut enlevé au ciel. On montre encore sur un rocher l'empreinte du pied de son chameau. Dans le fond d'une vallée voisine fleurit une petite oasis connue sous le nom de jardin des Quarante-Martyrs, parce que quarante chrétiens — encore le nombre quarante — y furent martyrisés au temps des persécutions. Non loin est la pierre de Belphégor, dont le nom vient associer les souvenirs de l'idolâtrie à ceux des trois grandes religions, le mosaïsme, le christianisme et le mahométisme, nées toutes les trois si près l'une de l'autre, qu'elles eurent, pour ainsi dire, un berceau commun.

La montée du Sinaï est laborieuse; le sentier continue à être taillé en escalier comme au début, et l'est jusqu'à la fin; mais, loin de faciliter la marche, cette échelle à moitié ruinée rend au contraire l'ascension pénible et la descente tout à fait dangereuse. De retour sur le plateau d'Élie, nous revînmes au couvent par un autre chemin, et je fus bien surpris de trouver de ce côté-là une route excellente, parfois coupée dans le roc vif et presque accessible aux voitures. Ce Simplon en miniature venait d'être exécuté pour Abbas-Pacha, lors d'une visite toute récente faite au Sinaï par cette Altesse africaine, en attendant le fameux palais aérien dont j'ai parlé précédemment, et dont on me fit voir de loin l'emplacement futur sur une crête inabordable.

Plusieurs domestiques du couvent m'avaient accompagné dans mon excursion; et le frère Pierre, qui n'était pas plus frère que moi, avait voulu être de la partie. C'était un personnage assez singulier, portant, quoique laïque, la robe bleue, le bonnet cylindrique des caloyers, et partageant leur vie cénobitique. Grec de naissance, il avait étudié dans les universités étrangères, parlait plusieurs langues, le français entre autres, avec une rare facilité, et paraissait avoir une instruction variée; il cultivait particulièrement l'astronomie et la musique, qu'il enseignait, du moins la musique, aux jeunes religieux de la maison. Mais en causant avec lui, je fus frappé de la confusion de ses connaissances et de l'incohérence de ses idées ; je cessai de m'en étonner lorsqu'on me dit qu'il était fou, et que sa famille, dont j'avais connu quelques membres au Caire, le tenait au couvent comme dans une maison de santé. Sa folie d'ailleurs était fort douce, et je connais nombre de gens réputés raisonnables dont la société m'eût été certainement moins agréable que ne me fut la sienne. Nul doute que ce fou paisible et studieux ne soit quelque jour le héros d'une légende, qui déjà existe en germe dans les versions contradictoires dont il est l'objet.

Le Sinaï s'appelle aussi dans le pays mont de la Loi, et le nom de saint Épistème, dont la montagne touche au couvent du côté opposé, signifie en grec *savoir;* ce qui me faisait dire aux religieux que leur maison étant située entre la science et la loi, ils ne pouvaient manquer d'être saints et savants. Je les flattais évidemment, car ils ne sont ni l'un ni l'autre ; j'ai fort peu de bien à dire d'eux en général, et ne saurais en particulier louer sans mentir leur détachement des biens temporels : la rapacité m'a paru être le trait distinctif de leur caractère ; ils la poussèrent avec nous au delà de toute croyance, de toute pudeur.

Ayant dû, le soir de notre arrivée, expédier une lettre aux deux ingénieurs français établis au val d'Hébran, ils nous demandèrent, pour la faire porter, quarante piastres, somme énorme pour le pays ; le premier Bédouin venu se fût estimé très-heureux de faire la course pour dix fois moins. Nous marchandâmes et l'on tomba d'accord pour moitié. Il va sans dire que le couvent garda tout ; le pauvre messager n'eut pas un para pour sa peine. Déjà auparavant, les caloyers, qui pensent à tout, et pour qui il n'y a pas de petits profits, nous avaient insinué, à propos de la lettre que Costa nous avait donnée pour eux, qu'elle avait bien suffi pour nous ouvrir les portes du monastère, mais que nous eussions mieux fait d'en demander une à leur fondé de pouvoirs au Caire ; or, il faut savoir que cette lettre se paye un talari, tandis que celle de Costa ne leur rapportait rien. Le lendemain ils nous recommandèrent instamment de leur remettre à eux-mêmes la rétribution que nous destinions aux domestiques qui nous avaient accompagnés sur le mont Sinaï, sous prétexte que ceux-ci perdaient leur argent dans les rochers ; c'était tout simplement pour se l'approprier. Ceci n'était que le début, il promettait et tint parole.

D'abord ils nous firent acheter presque de force et nous vendirent fort cher des saucissons de dattes fabriqués par eux, des chapelets en coton faits avec leur vieille défroque, de la manne enfermée dans des boîtes de fer-blanc, des bagues d'argent au chiffre de sainte Catherine, et autres curiosités du cru. Quant aux vivres, voici comment les choses se passent. Le couvent doit le pain à tous venants; c'est une charge de son institution.

La distribution de ce pain quotidien se fait chaque matin aux Bédouins et même aux Bédouines ; car j'en vis là plusieurs, une entre autres jeune et jolie, avec des yeux charmants, des dents étincelantes, et pas du tout voilée ; sur ce point les femmes du désert sont plus libres et beaucoup moins timorées que les autres musulmanes. Les voyageurs ont donc droit au pain du couvent comme tout le monde, mais au pain seulement ; tout le reste est leur affaire. On leur prête bien la cuisine, mais vide et sans feu; ils doivent, s'ils veulent s'en servir, apporter tout avec eux, depuis les casseroles et le charbon jusqu'aux aliments et condiments de première nécessité. Il est vrai qu'on s'entend aisément avec celui des frères qui remplit les fonctions de procureur ou maître d'hôtel, comme on voudra l'appeler, et qu'on obtient de lui, moyennant finance, les objets les plus indispensables à la vie matérielle. Il vous vendra même, pour peu que vous le désiriez, de l'araki et du vin de Chypre, ou prétendu tel.

Quant à nous, nous n'eûmes besoin que de fort peu de chose, portant avec nous le nécessaire et même le superflu. Mon compagnon de voyage, bien Anglais sur ce point, aimait ses aises, et encore plus la bonne chère; il aurait cru se manquer à lui-même s'il n'avait pas eu tous les jours, en plein désert, un dîner complet, dût-il l'attendre jusqu'à minuit; c'était chez lui un point de conscience et d'amour-propre : son honneur de voyageur y était engagé. Ayant calculé que son jour de naissance tomberait au Sinaï, et tenant à le célébrer dignement comme un véritable enfant de la Grande-Bretagne, il avait emporté du Caire, à cette intention, une dinde truffée, voire même du champagne, dont il me fit la surprise et les honneurs. Avec une pareille base, le reste du menu n'était pas difficile à composer, et nos provisions de voyage y suffirent amplement. Nous vécûmes donc sur notre propre fonds, et les ressources du couvent nous furent à peu près inutiles.

Jusqu'ici il n'y a rien à dire; il est parfaitement juste que les voyageurs payent ce qu'ils consomment, et l'on ne saurait exiger du couvent qu'il se ruine pour défrayer leur table : aussi nous étions-nous exécutés de bonne grâce et sans marchander. Mais au quart d'heure de Rabelais, je veux dire au moment du départ, il se passa une scène qui ne serait point déplacée dans l'*Avare* de Molière; Harpagon n'aurait pas mieux fait. On commença par nous présenter la note des dépenses convenues, port de la lettre aux ingénieurs, achat de curiosités, voyage à la montagne, fournitures diverses, etc. Là-dessus point de contestation. Ensuite, on nous coula en douceur une petite note supplémentaire à laquelle nous ne nous attendions pas, et dont le détail est assez plaisant : au frère portier, pour nous avoir ouvert la porte, vingt piastres; au frère curé, pour nous avoir montré l'église, vingt piastres; aux domestiques, qui ne nous avaient pas servis, puisque nous avions les nôtres, vingt piastres; à ceux qui nous avaient accompagnés à la montagne, vingt piastres; au frère dépensier, pour l'avoir dérangé, vingt piastres : ce dernier article me rappela les *ventas* espagnoles, où, après avoir tout payé, on paye encore *por el ruido*, pour le bruit. Bref, de vingt piastres en vingt piastres, on alignait un total assez rond. Pour le surplus, c'est-à-dire pour l'offrande que les visiteurs ont coutume de laisser au monastère en partant, on voulait bien s'en remettre à notre générosité. Nous connaissions l'usage, et nous comptions si bien nous y conformer que notre offrande était déjà prête; mais considérant que les caloyers venaient de se l'adjuger d'avance eux-mêmes, nous trouvâmes juste de la réduire d'au-

tant : nous la bornâmes donc à cent vingt piastres.
C'était encore fort généreux : les deux Américains
qui nous avaient précédés n'avaient pas donné davantage, quoiqu'ils fussent restés plus longtemps
que nous et eussent été beaucoup moins exploités.

Ici l'orage éclata. Cent vingt piastres ! Dieu juste!
y pensions-nous, et pour qui les prenions-nous
donc? Cent vingt piastres pour des gens comme
eux, pour des gens comme nous! cent vingt piastres ! mais c'était pour nous une honte et pour eux
une injure! Nous nous déshonorions en les offrant,
et ils se fussent déshonorés bien plus en les acceptant. Notez qu'ils avaient déjà la somme en poche
et qu'elle n'en sortit pas. Le plus animé de la
bande était un certain frère Joseph, dont le visage
était remarquable par l'absence totale du nez, et
qui d'ailleurs parlait fort bien l'italien : *Questo non
è maniera! Questo non è maniera!* répétait-il dix fois
par minute, en se démenant comme un énergumène; et il eût passé de grand cœur, s'il l'eût osé,
des paroles aux voies de fait. Le pauvre frère
Pierre jouait en vain le rôle de conciliateur, et le
supérieur, une tête vénérable à barbe blanche,
présidait à cet ignoble débat, se regardant lui-
même comme personnellement offensé. L'orage
dura longtemps, mais ce fut beaucoup de bruit
pour rien : nous n'ajoutâmes pas un para. Notre
conscience était tranquille, car nous avions fait

bien les choses, même grandement : tout compte
fait, nous laissions au couvent cinq cents piastres,
ce qui était à coup sûr payer fort largement une hospitalité de quarante heures, et quelle hospitalité!

Tomber des hauteurs du Sinaï dans de pareilles
trivialités, la chute est rude, et j'en demande pardon
au lecteur. Mais si la vie est un voyage, comme on
le répète souvent, on peut retourner la proposi-
tion et dire que le voyage est, comme la vie, semé
d'impressions diverses, d'incidents de tout genre,
et plus fécond en petits qu'en grands événements.
De plus, ces détails de ménage, si vulgaires qu'ils
soient, et précisément parce qu'ils le sont, ne
laissent pas de porter avec eux leur enseignement
en mettant à nu l'avidité des prêtres grecs. Je l'ai
retrouvée la même partout, surtout à Jérusalem, où
elle est encore plus choquante, parce qu'elle y est
sans prétexte et par conséquent sans excuse. En-
trez-vous au Saint-Sépulcre, un caloyer embusqué
à la porte vous tend littéralement la main ; et si
vous montez au Calvaire, tout palpitant des émotions que ce lieu sacré inspire aux âmes les moins
croyantes, vous trouvez là un autre caloyer qui
vous répand de l'eau de rose sur les doigts et ré-
clame aussi sa bonne main. Il est vrai qu'ils se contentent de peu ; quelques piastres vous en délivrent.
Il paraît que du temps de Sophocle les prêtres grecs
n'étaient pas moins avides, car ce poëte dit au vieil

augure Tirésias par la bouche de Créon : « Toute la race sacerdotale aime l'argent. »

Secouant la poussière de cette auberge inhospitalière, je jetai pour adieux à ses habitants le mot de leur illustre compatriote, et le citai dans leur langue, afin qu'il fût mieux compris par eux :

Τὸ μαντικὸν γὰρ πᾶν φιλάργυρον γένος.

J'ai oublié de rapporter une tribulation d'une autre nature que nous avions éprouvée précédemment, et qu'il ne sera pas inutile de raconter. Abbas-Pacha ayant dans ses domaines le Sinaï, dont le nom officiel est Djebel-Tor, montagne de Tor, y tenait une petite garnison campée alors tout près du couvent et commandée par un bin-bachi ou chef de bataillon. Nous avions fait à cet officier une visite de politesse en arrivant, et n'avions pas eu à nous louer de sa réception : l'ayant rencontré à l'entrée du camp, il nous avait reçus en plein air, et debout, sans café, sans pipe, sans même nous faire entrer dans sa tente. Choqués d'un tel accueil, nous lui en fîmes témoigner notre mécontentement par un domestique turc que nous avions à notre service, avec l'ordre exprès de remplir son message en turc, ce qui produit toujours un grand effet sur les Égyptiens et même sur les Arabes, parce que c'est la langue des conquérants.

Choqué sans doute, à son tour, de notre réprimande, et voulant apparemment en tirer vengeance, il nous fit demander nos passe-ports; oui, lecteur, des passe-ports sur le Sinaï! Parmi les innovations européennes dont l'Égypte s'est enrichie, elle n'a eu garde d'oublier celle-là. Si le bin-bachi avait cru nous prendre en défaut, il en fut pour sa peine; mon compagnon était en règle, et je l'étais encore plus que lui, ayant pour principe, en voyage, de multiplier plutôt que d'économiser les visas, afin d'éviter les tracasseries et les retards. J'avais donc un passe-port spécial pour le Sinaï, délivré par le consul de France au Caire, et visé à la Citadelle par les autorités égyptiennes. J'y avais fait même mentionner, pour surcroît de précaution, les armes dont j'étais porteur. Nous trouvant si bien ferrés, le bin-bachi n'avait autre chose à faire qu'à nous renvoyer nos papiers : c'est ce qu'il fit, non sans s'être donné le plaisir d'y ajouter son propre visa; et j'eus ainsi la satisfaction d'apprendre que cet illustre personnage se nommait Hassim-Ibrahim.

Battu sur ce point, il voulut prendre sa revanche sur un autre, et il imagina de saisir les chameaux qui nous avaient amenés de Tor et devaient nous y reconduire. Voici le motif ou le prétexte de cette mesure arbitraire. Les travaux de la route et les besoins du camp avaient fait mettre en réquisition par le gouvernement égyptien tous les chameaux de la contrée : on en payait bien, il est vrai, le loyer ; mais trop chargés, surmenés par les soldats, un grand nombre de ces animaux, mal nourris d'ailleurs et déjà presque exténués par suite de la détresse générale, succombaient à la fatigue, et jonchaient de leur dépouille les routes du désert. Aussi les Bédouins ne se soumettaient-ils qu'avec répugnance aux ordres du Pacha et les éludaient-ils toutes les fois qu'ils le pouvaient faire sans trop s'exposer eux-mêmes ; car les Bédouins du Sinaï sont bien dégénérés et tout à fait abâtardis : réduits à la misère, ils possèdent fort peu de troupeaux et ne se procurent quelques ressources, en temps ordinaire, qu'en allant vendre au Caire du sel gemme et du charbon. On évitait toutefois de trop les violenter, et cela par deux raisons : d'abord parce qu'il était alors dans la politique d'Abbas-Pacha de ménager tous les Bédouins de ces parages, et de peur aussi de les pousser à bout en les exaspérant : s'ils s'étaient enfuis au fond de leurs déserts, personne n'aurait pù les y aller chercher. Plus de Bédouins, partant plus de chameaux.

Telle était la situation du pays, et c'est en vertu des ordres réquisitionnaires de son gouvernement que le bin-bachi avait opéré la saisie de nos chameaux, prétendant qu'ils appartenaient au camp, et que, par conséquent, les Bédouins de Tor n'avaient pas le droit de nous les louer. Nous lui fîmes répondre que n'étant ni Égyptiens ni Bédouins, les ordres du Pacha ne nous concernaient point; que nos chameaux étaient à nous jusqu'à Tor puisque nous les avions loués et payés; que nous lui défendions d'y toucher, et le rendions responsable des dommages-intérêts que nous ne manquerions pas de réclamer du gouvernement égyptien par la voie de nos consuls pour chaque heure de retard qu'il nous occasionnerait, sans compter sa destitution qui s'ensuivrait indubitablement. Après cette protestation péremptoire, nous écrivîmes le soir même au camp d'Hébran par l'intermédiaire de nos amis les ingénieurs, afin qu'on nous prêtât main-forte au besoin.

Les choses n'en vinrent pas à cette extrémité. Le bin-bachi intimidé se désista de ses prétentions, relâcha nos chameaux et nous vint faire une visite; mais nous lui rendîmes, comme on dit vulgairement, la monnaie de sa pièce, en le recevant comme il nous avait reçus. Nous étions à dîner quand il se présenta; loin de l'inviter à partager notre repas, comme nous l'aurions fait en toute autre circonstance, et comme cela se pratique toujours en Orient, nous ne le fîmes ni asseoir, ni même entrer, le laissant debout à la porte; nous ne lui adressâmes pas un mot, et ne lui accordâmes pas plus d'attention que s'il n'eût pas été là. Cette dure leçon était nécessaire : c'est ainsi qu'il faut toujours traiter les Turcs en pareil cas, sous peine d'être méprisé et molesté par eux. Nous fûmes beaucoup plus polis pour un jeune médecin militaire qui l'accompagnait, auquel nous n'avions à faire aucun reproche et qui, bien qu'Égyptien, parlait assez couramment le français et l'anglais. En partant, nous revîmes de loin notre bin-bachi; il avait eu l'ingénieuse idée de faire élever au milieu du camp un échafaudage en planches surmonté d'une chaise, et c'est là qu'il trônait comme un charlatan sur son tréteau, s'imaginant sans doute que son importance morale grandissait en raison directe de son élévation matérielle. Nous passâmes à sa portée sans détourner la tête, et je n'ai pas la présomption de croire, après cela, qu'il ait gardé de notre séjour au Sinaï un souvenir agréable.

Ce que je redoute le plus en voyage, c'est de suivre deux fois le même chemin, et je fais souvent pour l'éviter des détours considérables; mais ici j'étais commandé par la nécessité. Il nous fallait prendre au retour la même route exactement qu'en venant, et remettre les pieds dans les traces encore fraîches de nos pas. On retraversa donc la grande plaine où les Hébreux campèrent et adorèrent brutalement le veau d'or sous les auspices d'Aaron, le propre frère de Moïse. On redescendit ensuite le col du Couvent, qui me parut, s'il est possible, plus dévasté, plus terrible encore que la première fois. Un voyageur européen le montait et nous croisa;

comme il allait à son tour visiter le monastère, nous l'exhortâmes fraternellement, en passant, à bien garder sa bourse. Nous ne fîmes pas d'autre rencontre jusqu'à la fin du voyage.

On vint camper à l'extrémité de l'ouadi Es-Slaf, juste au pied du col d'Hebran. Cette halte fut délicieuse ; le souvenir en est encore en moi vivant et palpitant : l'heure et le lieu se prêtaient leur charme et leur magie : les vallées et la masse inférieure des montagnes plongeaient déjà dans les vapeurs du crépuscule ; mais les hautes cimes étincelaient encore des feux du couchant. Ces dernières luttes de la lumière expirante et de la naissante obscurité, la grandeur, la beauté du site, le calme de la nature, la douceur de l'air, la mélancolie du soir, la solitude, le silence, la liberté, tout parlait au cœur, l'enivrait d'émotions ineffables, et ce jour-là, pour la première fois, je pris véritablement possession du désert.

Au lever du soleil, on attaqua cet exécrable col d'Hébran, dont la traversée n'est pas moins pénible de ce côté que du côté opposé, et qui nous avait coûté naguère tant de fatigues. Il nous en coûta encore plus au retour, parce que nous le descendîmes presque à pic, par un sentier plus court, mais beaucoup plus mauvais que l'autre, tout hérissé de roches aiguës, encombré de cailloux roulants, et si rapide que les chameaux n'auraient pu le suivre ; on leur fit faire le grand tour, et nous dûmes les attendre longtemps au bas de la côte. Rentré dans l'Ouadi-Hébran, je retrouvai le mont Serbal aussi nu, aussi décharné, mais aussi majestueux que je l'avais laissé. Je fus frappé, en m'en approchant, d'un double accident de lumière et de terrain qui m'avait échappé la première fois, parce qu'alors le soleil avait une position différente : c'est une corniche énorme, très-saillante, qui coupe la montagne en écharpe dans toute sa largeur, et qui, par la manière dont elle était éclairée en ce moment, projetait au-dessous d'elle une ombre si nette et si noire, qu'on aurait dit un crêpe immense passé en sautoir autour du colosse.

Nous avions fait une recrue en route : poussé par l'amour de la société, un jeune chameau libre, perdu sans doute et encore indompté, s'était joint à notre caravane et nous amusa toute la matinée par ses bonds joyeux et son humeur indépendante. Quoiqu'il nous suivît de près, il ne se laissait ni saisir, ni même approcher. Les soldats d'une compagnie d'avant-poste que nous trouvâmes campés à la source du ruisseau d'Hébran eurent beaucoup de peine à s'emparer de lui, et n'y réussirent qu'à la faveur d'un nœud coulant; la défense fut héroïque, et plus d'un assaillant fut terrassé dans la lutte. Témoin du combat, j'eus l'occasion d'admirer, dans cette circonstance, la force et l'agilité naturelle de cet animal, si docile, si doux quand il est dressé, et dont l'allure devient alors si lente et si posée.

La route avait notablement avancé pendant les cinq jours qu'avait duré notre absence ; cependant les ingénieurs n'avaient pas encore quitté leur établissement au bord du ruisseau, pour se porter, suivant leur habitude, en avant des travaux. Ils nous attendaient sous leur tente avec un excellent déjeuner, dont une gigue de capricorne était la pièce de résistance ; nous en apportions nous-mêmes un tout entier, qu'un Bédouin avait tué au mont Sinaï et nous avait vendu à notre départ du couvent. Vous pensiez peut-être, et je pensais moi-même que cet animal quasi-fabuleux n'existait qu'au zodiaque et sur la ligne idéale du tropique austral : il existe en chair et en os non-seulement dans les déserts du Sinaï, mais dans le Soudan, où je l'ai parfois rencontré. Moins grand que le chevreuil et moins haut sur jambes, il ressemblerait assez à l'antilope, n'était la grosseur démesurée de son bois noueux, branchu, hors de toute proportion avec la tête et le reste du corps. Le déjeuner fut gai, et j'y trouvai deux nouveaux convives, Ali-Effendi et Soliman-Aga, l'un et l'autre officiers du camp, bons musulmans, quoique parlant français, ne buvant pas de vin, quoiqu'à une table européenne, et craignant toujours qu'on ne leur fît manger par surprise de la chair de porc ou des volailles étouffées.

Bien qu'on fût au mois de janvier, notre voyage avait été favorisé par un temps splendide et tel qu'on n'en voit dans cette saison que sous ces bienheureuses latitudes ; mais la journée du lendemain, la dernière du voyage, fut désagréable : le ciel était brumeux ; un vent de mer aigre et violent me glaçait sur mon dromadaire ; je n'en pressai que plus sa marche, et nous arrivâmes de fort bonne heure à Tor. Je trouvai mon reïs établi dans le même café où je l'avais laissé ; il vint au-devant de moi avec empressement et me souhaita la bienvenue avec la courtoisie d'un Arabe du beau siècle des Califes. Pendant qu'il m'adressait ses félicitations et ses compliments, nos chameliers s'enfuyaient de toute la vitesse de leurs chameaux à peine déchargés, dans la crainte qu'on ne mît l'embargo sur eux à Tor, comme on l'avait fait au Sinaï, et se perdirent bientôt dans les profondeurs du désert.

N'ayant rien à faire à Tor, j'allai coucher dans la barque, qui nous avait attendus patiemment au port trois jours de plus qu'il n'avait été stipulé au contrat. Le lendemain, dès l'aube, on était en route pour Djeddah.

V

La mer Rouge.

Le bâtiment sur lequel j'étais monté est de ceux qu'on appelle *sambouk* sur la mer Rouge. Long de soixante pieds sur quinze de large, il n'était point ponté, sauf à l'arrière, où s'élevait une espèce de dunette sous laquelle on avait ménagé un réduit honoré du nom de chambre, et juste assez grand pour contenir nos deux matelas, mais rien de plus; c'est là que nous couchions : le jour, nous vivions en plein air sur la dunette. Le sambouk, qui va aussi à la rame, a deux voiles presque latines, dont l'une, placée à l'avant, en sort tout entière lorsqu'elle est enflée par le vent, et forme en avant de la proue une espèce de ballon semi-circulaire, comme j'en vu sur des fresques et des médailles antiques. Je gagerais bien que depuis des siècles rien n'est changé dans ces parages, que les barques, les voiles et les rames sont les mêmes absolument depuis l'antiquité la plus reculée, et que les marins fréquentent les mêmes mouillages, ont les mêmes habitudes, les mêmes préjugés, les mêmes superstitions qu'au temps des Troglodytes.

Le bâtiment était fait d'un bois de l'Inde très-dur, appelé *sadj*. J'ai vu, dans le port de Marseille, un ancien navire de la Compagnie des Indes construit du même bois à Bombay, en 1707, et dont la coque s'était durcie au point d'émousser et de courber les clous qu'on y voulait enfoncer. Ce patriarche des mers naviguait depuis cent cinquante ans et passait pour heureux, parce qu'il n'avait jamais fait naufrage et qu'il avait enrichi tous ses propriétaires. Notre sambouk jouissait, lui aussi, d'une excellente réputation; il passait à juste titre pour bon marcheur, et Cheik Abd-el-Affar, son propriétaire, un riche marchand de Djeddah, n'avait qu'à se louer de ses services. Je n'eus qu'à me féliciter moi-même de l'avoir rencontré. Il portait, outre le reïs, dix hommes d'équipage, plus un petit esclave noir, agile, éveillé, qui servait à la fois de mousse et de domestique à tout le monde. On le traitait avec beaucoup d'humanité; pendant quinze jours que j'ai passés à bord, je ne l'ai vu punir qu'une seule fois, et encore fort doucement. Je suis contraint d'avouer, pour rester vrai, que la barque était infestée de rats et d'une grande variété de vermine des deux genres; mais je me hâte d'ajouter qu'elle se trouvait, à ce qu'il paraît, si bien sur les Arabes, qu'elle leur resta fidèle, et nous n'en fûmes que très-peu incommodés.

Tels sont les navires en usage sur la mer Rouge, machines bien frêles pour une navigation si difficile. Cette mer est une des plus dangereuses que l'on connaisse : coupée et traversée en tous sens de courants sous-marins, hérissée d'écueils et de bancs de corail, elle est en outre exposée à des coups de vent furieux que la proximité des côtes et des montagnes rend très-fréquents et très-soudains ; aussi les naufrages y sont-ils communs, malgré la prudence excessive et la timidité des marins. J'appris à mes dépens, ainsi qu'on va le voir, que cette mer n'est point calomniée : si je n'y péris pas, j'y fus en perdition et ne dus mon salut qu'à la solidité du sambouk et à la protection du ciel.

Partis de Tor à l'aube, nous fûmes tout le jour favorisés d'un très-bon vent, et nous eûmes bientôt doublé le ras Mohammed, qui est la pointe extrême de la péninsule sinaïtique. Sur le soir, le vent, quoique toujours favorable, devint d'une violence inquiétante, et la mer si grosse que nous étions cruellement ballottés dans notre coquille de noix. J'ai dit que les barques de la mer Rouge ne marchent jamais la nuit, et certes, c'était bien ici le cas de se conformer à l'usage en cherchant un refuge contre le mauvais temps ; mais cette fois la chose était impossible. Nous avions atteint le golfe d'Akaba, qu'il fallait franchir tout entier avant de trouver un abri ou seulement un mouillage ; force donc était de marcher toute la nuit, malgré la fureur toujours croissante des vagues et l'impétuosité du vent.

Sans compas, car je ne saurais donner ce nom à une grossière boussole en bois peu consultée le jour et pas même éclairée la nuit, sans direction au milieu des ténèbres, nous marchions, nous volions à l'aventure et au gré de l'ouragan. Désespérant de s'en rendre maître, ne l'essayant même pas, l'équipage avait abandonné la manœuvre; plongé dans l'inaction, dans la terreur, il s'en remettait à Allah seul de la conduite du bâtiment et se recommandait, les uns en silence, les autres en se lamentant, à tous les saints du paradis mahométan. Un de nos domestiques, le Turc dont j'ai parlé plus haut, renchérissait sur l'effroi général; sa peur était si extravagante, parfois si comique, que j'en aurais ri malgré moi, s'il eût été permis de rire dans un moment pareil. A chaque coup de mer, le sambouk craquait comme s'il allait s'ouvrir, et il se penchait tellement, tantôt d'un côté, tantôt de l'autre, qu'il semblait impossible qu'il pût se relever; je m'attendais à le voir d'un moment à l'autre se retourner sens dessus dessous.

La lame couvrait et balayait tout, même la dunette, malgré son élévation. Nous ne pouvions donc, mon compagnon et moi, nous tenir que dans la cabine, et là, couchés côte à côte sur nos matelas respectifs, nous attendions avec résignation le dénoûment, quel qu'il fût. Nous avions d'ailleurs fort affaire à garder notre équilibre, tant le roulis était fort; parfois il collait nos matelas l'un contre l'autre comme les feuillets d'un livre, et nous aplatissait entre deux comme les plantes d'un herbier; puis il nous lançait violemment contre les parois de la barque, au risque de nous briser la tête. Ajoutez à cela que l'eau pénétrait partout et que nous nagions littéralement dans l'onde amère. Heureusement que le mal de mer ne vint point compliquer une situation déjà si critique.

Cette agonie dura toute la nuit, une longue nuit d'hiver, et le jour, loin d'y mettre un terme, ne fit que la prolonger, car il fut encore plus mauvais; la tempête dura jusqu'au soir. Alors seulement nous eûmes un peu de répit, et il me fut permis de quitter enfin mon matelas et ma prison. Comme les choses les plus fâcheuses ont d'ordinaire une compensation, l'orage, qui nous chassait dans notre direction, eut au moins l'avantage de nous avoir fait faire en peu de temps beaucoup de chemin. Au coucher du soleil, on jeta l'ancre à quelques pas d'une petite île déserte et sablonneuse appelée Na'aman, et située assez près de la côte où est Dhoba, un gros village de l'Arabie Pétrée, renommé pour l'excellence de ses puits.

Le golfe d'Akaba, que je venais de franchir d'une manière si impétueuse, et qui m'a laissé des souvenirs si peu agréables, n'est, comme celui de Suez, qu'un enfoncement de la mer Rouge, laquelle s'ouvre

9

en cet endroit pour faire place à la presqu'île du Sinaï. Il doit son nom à un ancien château fort, aujourd'hui délabré, qui en occupe presque le fond et marque la limite extrême des possessions égyptiennes. Un Anglais, le capitaine W. Allan, a prétendu, dans ces derniers temps, que ce golfe dut un jour communiquer avec la Méditerranée par la mer Morte et la mer ou lac de Tibériade. Il se fonde sur la disposition du terrain qui, des bases méridionales du Liban jusqu'à la mer Rouge, n'est qu'une profonde vallée, et sur une différence de niveau avec la Méditerranée tellement considérable qu'elle dépasse, en quelques endroits, 4000 mètres. Il pense donc qu'en ouvrant un canal dans les environs du mont Carmel la mer se précipiterait dans cet abîme, et se rejoignant comme elle le fut jadis, à ce qu'il suppose, aux deux grands lacs de la Palestine, elle se réunirait facilement avec la mer Rouge au moyen d'un second canal percé de la mer Morte au golfe d'Akaba. Le désert de Syrie deviendrait ainsi un Océan, et les deux mers n'en formeraient plus qu'une. Ce gigantesque projet, s'il était praticable, subalterniserait singulièrement le percement actuel de l'isthme de Suez, et le passage aux Indes en serait d'autant plus facile.

La journée du lendemain nous récompensa des rudes épreuves de la précédente : le vent toujours très-favorable avait repris des proportions plus humaines, et la mer, encore houleuse le matin, se calma par degrés. L'équipage avait repris courage; n'ayant rien à faire, il chantait. Le valet turc lui-même, revenu de son épouvante, chantait comme les autres et prétendait n'avoir pas eu peur un seul instant. Le soir, on prit terre à El Oudejh, qu'on prononce Ousch. Nous fûmes reçus en débarquant par quelques soldats turcs en garnison dans ce lieu perdu, et dont l'un, surprise agréable! parlait français. Il se disait de Constantine, et n'était peut-être bien qu'un déserteur de notre armée. Déserteur ou non, il se montra très-empressé, très-obligeant, et nous rendit toute sorte de petits services. Je passai la soirée avec lui, assis devant le café, et entouré naturellement des indigènes, dont la curiosité, sans être d'ailleurs trop gênante, était assurément fort excusable. Un Européen est chose rare dans ces contrées. Informés de notre arrivée, les Bédouins du voisinage, Arabes de la tribu des Bili, nous apportèrent des vivres de toute espèce, œufs, moutons, lait, poissons, même du pain, si bien qu'il nous fut aisé de renouveler et de rafraîchir nos provisions de voyage. Le temps était charmant : la mer tout à fait apaisée venait mourir sur la grève, et des nuées de goëlands rasaient la surface des flots.

Cette bourgade sert de port à un château du même nom, situé à deux ou trois lieues dans l'intérieur, sur la route de la grande caravane du Caire à la Mekke. Beaucoup plus au nord, à la distance de cinq ou six journées de marche et à quatorze journées d'Akaba, sur la route d'une autre caravane, celle de Damas, se trouvent, si j'en crois les relations locales, des ruines fort extraordinaires. Le lieu s'appelle Médaïn Saliha, Ville du prophète Salih. Les habitations, qu'on y voit encore au nombre de 80 à 90, sont taillées et creusées dans le roc, composées presque toutes d'une grande salle, de quelques chambres plus petites, et d'une espèce d'oratoire. Sur la porte de la plupart étaient sculptés des aigles ; mais les pèlerins ont mutilé en passant tous ceux qui étaient à leur portée ; fort peu sont restés intacts. Les parois des rochers servant de murs à ces étranges maisons portent des inscriptions que personne n'a jamais déchiffrées ni même atteintes, à cause de leur élévation : on ignore même dans quelle langue elles sont écrites. Il y a beaucoup de puits dans cet endroit, mais l'eau en est amère, et l'air lui-même passe pour être empoisonné. Les musulmans considèrent ce point de l'Arabie comme frappé de malédiction depuis la révolte d'un chameau traditionnel dompté par le prophète Salih. La caravane de Syrie, obligée de traverser deux fois par an ce lieu maudit, y perd chaque fois plusieurs de ses pèlerins, ceux surtout qui ont en eux quelque principe morbide.

Quelle est donc cette ville inconnue, ensevelie au sein du désert? qui la fonda? qui l'habita? qui l'a détruite? Son existence est un problème et sa destinée un profond mystère : le silence plane sur son passé comme sur ses ruines. Je n'ai fait que répéter sur elle ce qui m'a été raconté; car rien, que je sache, n'a jamais été écrit à son sujet. En livrant au lecteur les renseignements qui sont venus à ma connaissance, je l'engage à ne les accepter que sous bénéfice d'inventaire, comme je les ai moi-même acceptés. Je les tiens du pacha des Villes Saintes, qui m'affirmait avoir vu les choses de ses propres yeux; ce qui n'est point, j'en conviens, une garantie de véracité et encore moins d'exactitude. Rien n'est plus difficile, en Orient, que d'obtenir n'importe de qui, n'importe sur quoi, des informations tant soit peu positives; l'esprit de critique et de doute doit présider aux assertions les plus affirmatives pour les contrôler. Cette difficulté est la même pour les choses les plus simples : ainsi, par exemple, je vous défie de savoir précisément d'un Arabe la distance d'un lieu à un autre; chaque fois que j'adressais au reïs une question de ce genre, il s'écriait pour toute réponse : « Dieu est avec les patients. »

Les trois jours suivants, qui étaient les 3, 4 et 5 février, on ne prit terre nulle part, et l'on se tint assez loin de la côte pour la perdre de vue quelquefois. La nuit on stationnait en pleine mer. Pendant ces trois jours le temps fut magnifique : le ciel était sans aucun nuage, la mer à peine agitée, et il n'y avait de vent que ce qu'il en fallait pour enfler nos voiles. Après avoir été secoué si rudement, on était maintenant bercé avec mollesse comme dans un hamac. Couché à l'arrière sur les tapis dont nous avions couvert la dunette, paré du soleil, déjà chaud dans cette saison, par un autre tapis tendu sur ma tête, je passais mon temps à rêver, à vivre de la vie contemplative, à respirer la brise marine, à m'enivrer de ce ciel, de cette mer splendide, et les longues heures de la traversée s'écoulaient rapidement et sans ennui. La côte d'Afrique était invisible depuis longtemps, mais celle d'Arabie fut en vue pendant tout le premier jour, bordée d'une ligne de montagnes rougeâtres dont les longues arêtes, les pics dentelés, occupaient le regard par la variété de leurs formes, et, du lever au coucher du soleil, passèrent par toutes les couleurs, toutes les nuances du prisme. Les points les plus apparents de cette chaîne sont Ral, Safkha et Korkoum, noms que j'ai recueillis de la bouche du reïs et que j'écris comme il les prononçait.

Si des montagnes les yeux s'abaissent sur la mer, on est frappé de la diversité de ses teintes, produite, à ce que je pense, par les différences de fond : ici, elle est d'un vert sombre ; là, d'un blanc d'opale ; ailleurs elle passe par toutes les nuances du bleu, depuis l'azur le plus clair jusqu'à l'indigo le plus foncé ; en beaucoup d'endroits elle est d'un rouge très-prononcé. Cette dernière couleur lui est, sans nul doute, communiquée par les immenses bancs de corail qui la sillonnent dans tous les sens, et il est au moins probable qu'elle doit son nom à cette circonstance naturelle. Les étymologies les plus simples sont les plus admissibles, celles surtout qui reposent sur un fait sensible et matériel. J'ai entendu attribuer son épithète de rouge à une tribu arabe répandue sur ses bords et qui la portait elle-même. Mais c'est là une assertion quelque peu arbitraire, vu que cette tribu, qui n'existe plus, n'a peut-être jamais existé ; et d'ailleurs existât-elle réellement, il resterait à savoir si ce serait elle en effet qui aurait donné son nom à la mer Rouge ou si ce ne serait pas plutôt la mer Rouge qui lui aurait donné le sien. Étymologie pour étymologie, en voici une que je propose non comme bonne, mais comme mienne. Les Arabes appellent l'enfer la Demeure Rouge, Dar-el-Hamra, et cette épithète a souvent chez eux une acception funeste ; serait-il donc impossible qu'ils l'eussent appliquée à cette mer périlleuse, en raison de ses dangers, de ses sinistres et de l'effroi qu'elle leur inspire ?

On stationna cette première nuit entre deux bancs

de rocher presque à fleur d'eau, excellent rempart contre les assauts de la haute mer; car la lame venait se briser en écume des deux côtés, tandis que le milieu restait parfaitement calme. Ce point se nomme Bou Kharid, ou plus correctement Abouharir : ce n'est pas une petite affaire que de traduire en lettres françaises les sons gutturaux des Arabes, quand surtout on ne les a jamais vus écrits. La nuit suivante on vint mouiller à l'abri de deux îles séparées par un étroit canal, et dont la première s'appelle Libna, l'autre Djebel Hassan. L'une et l'autre sont fréquentées au temps du pâturage par les Arabes Djeheïné répandus sur la côte, qui y conduisent leurs troupeaux sur des canots. Elles étaient alors désertes; mais on y voyait encore des huttes construites par les bergers et abandonnées jusqu'à la saison prochaine. Ces Bédouins, comme tous ceux du littoral, ont un mauvais renom parmi les marins : ils passent pour des voleurs déterminés, et pillent souvent les barques, ou du moins les rançonnent; aussi évitent-elles avec soin leur approche et se tiennent-elles toujours à une distance respectueuse des points suspects.

Je ne dois pas négliger de dire que le reïs avait régalé les hommes de son bord et nous-mêmes d'une tasse de café en l'honneur d'un saint musulman enterré dans une île voisine, et dont le nom est Cheik Hassan el Mérabet, que les matelots prononçaient *Morbout*, et dont nous avons fait en Algérie *Marabout*. Mérabet veut proprement dire lié par des vœux, en français moine ou religieux. Le saint en question est le patron de ces parages et y est en grande vénération. Aucun bâtiment ne passerait dans le voisinage sans implorer son assistance et sans envoyer à son tombeau, gardé par une famille arabe, une offrande en farine ou en blé. Les marins indigènes sont fort superstitieux : outre le culte des saints, auquel ils sont très-fidèles, ils croient le fond des mers habité par de bons et de mauvais génies, comme nous avons eu déjà l'occasion de nous en convaincre au Birket Faraoun ; ils font honneur aux premiers des navigations heureuses, et accusent les autres de soulever les vagues, de déchaîner les vents et d'attirer les bâtiments au milieu des écueils : aussi ne manquent-ils jamais de se concilier leur bienveillance en jetant pour eux dans la mer les prémices de leurs repas, quelques dattes, une poignée de farine, quelquefois des pains tout entiers, afin que les esprits malfaisants aient aussi leur part.

La terre avait été hors de vue pendant toute la journée du 4. Le 5, elle reparut, et le soleil, en se levant, me fit voir à l'horizon un majestueux amphithéâtre de montagnes échelonnées les unes sur les autres et admirablement découpées. La chaîne la plus rapprochée s'appelle Nabt, et la plus éloignée Abou Gharaïr. La cime conique du Mahar domine toutes les autres. Ces montagnes se prolongent vers le sud; c'est derrière que se trouve Médine, et par delà cette ville, dans la direction du nord-est, l'immense désert du Nedj, séparé des plaines de Bagdad par le mont Chamar, et qui donne le jour aux chevaux les plus estimés de toute l'Arabie. Après avoir doublé, mais de fort loin le ras ou cap Baridi, nous stationnâmes pour la troisième fois en pleine mer, à l'abri d'écueils sous-marins, et favorisés toujours par un temps superbe.

Je renonce à peindre l'indicible charme de ces soirées en mer, la magnificence de ces soleils couchants, toujours les mêmes et toujours variés. Ce jour-là le spectacle fut plus radieux encore, s'il est possible, que les jours précédents, les teintes du ciel et de la mer plus ardentes, la nature entière plus splendide et plus calme. La mer n'avait pas une ride, le ciel pas une tache. Le sommet du mont Radoua, en vue duquel nous étions mouillés, était illuminé comme un phare gigantesque, et il étincelait encore que le soleil avait depuis longtemps disparu sous les flots. Quoique le suivant de très-près et baignée dans son atmosphère lumineuse, Vénus brillait au bord de l'horizon d'un éclat singulier. Les étoiles naissantes pâlissaient autour d'elle, et ne commencèrent à scintiller que lorsqu'elle se fut à son tour plongée dans l'Océan.

Bientôt la lune se leva, et aux splendeurs qui venaient de s'éteindre succédèrent les demi-ténèbres, ou, pour mieux dire, les demi-clartés d'une de ces nuits d'Asie, plus brillantes que bien des jours de nos climats nébuleux. Immobile sur ses ancres, le sambouk était enseveli dans le silence et dans l'obscurité; tout le monde à bord, excepté moi, qui ne pouvais m'arracher aux enchantements de cette ravissante soirée, dormait profondément. Telles sont l'insouciance et l'incurie des matelots arabes, que pas un seul ne veillait pour faire le quart; ils abandonnaient ainsi toutes les nuits le bâtiment à la garde de Dieu.

Une soirée et une nuit si paisibles présageaient du calme pour le lendemain; il régna en effet toute la matinée. Les matelots qui, depuis Suez, n'avaient eu guère qu'à se croiser les bras, se mirent alors à la rame en s'accompagnant, pour se donner du cœur, d'un chant monotone et mélancolique dont je n'ai retenu que le premier mot, *Ya Sidi*, parce qu'il revenait à chaque instant, toujours avec la même intonation, et qui veut dire : *O mon Seigneur* ou *mon maître!* Comme les autres Arabes, les matelots font tout en cadence : qu'ils déploient ou carguent les voiles, qu'ils jettent ou lèvent l'ancre, ils chantent en chœur pour marquer la mesure et pour agir avec ensemble; chacune des manœuvres a sa cantilène particulière, ce qui ne les empêche pas d'être exécutées avec beaucoup de confusion et de lenteur. Toutefois le calme ne dura pas longtemps ; le vent du nord, qui souffle neuf mois de l'année sur la mer Rouge, et à qui nous devions une navigation si rapide, se leva au bout de quelques heures, et à midi nous étions à Yambo.

Yambo est le port de Médine, éloignée de cinq journées à l'est : fermé par l'île d'El Abbari, ce port est très-sûr, assez vaste et très-fréquenté. Les bâtiments qui vont de Suez à Djeddah et de Djeddah à Suez y relâchent tous, et il est en relation presque quotidienne avec Kosseir, une petite ville maritime appartenant à l'Égypte, et qui met en communication la mer Rouge avec le Nil par Kenné.

C'est une ville insignifiante, mal bâtie, à moitié déserte et fortement imprégnée de cette odeur nauséabonde particulière aux villes arabes et que j'ai retrouvée la même au Maroc, à Tripoli, en Égypte, en Syrie, partout. Yambo est entouré d'une muraille écroulée en beaucoup d'endroits, dégradée partout et flanquée de tours en aussi mauvais état. Un bras de mer divise la ville en deux parties inégales, dont la plus petite est une espèce de faubourg nommé el Kad et habité par les marins. Le marché est bien approvisionné : on y vend des dattes de qualité supérieure ; celles de Médine sont réputées les meilleures du monde. La datte est l'aliment de prédilection des Bédouins, qui en nourrissent leurs chevaux. Le Prophète l'a bénie. Son nom revient en mille endroits des livres sacrés ou profanes de l'Orient, et joue un grand rôle dans les traditions orales du désert.

Une longue promenade à travers les rues ne m'offrit que peu d'intérêt. J'y vis un grand nombre de maisons ruinées, qu'on ne prend la peine, suivant l'usage des pays musulmans, ni de relever ni de déblayer, et dont les décombres donnent à ces villes dévastées un aspect de désolation. Quelques portes sont surmontées d'images cabalistiques sculptées dans le mur et destinées à conjurer le mauvais œil, cette croyance universelle de l'Orient et même de l'Occident. Comme j'étais occupé à regarder, pour le déchiffrer, un de ces emblèmes superstitieux, une vieille femme parut, et ne doutant pas que je ne fusse venu là tout exprès pour jeter un sort sur sa maison, elle me lança un regard si plein de haine, de fureur et d'effroi, que j'en aurais été foudroyé si pour cela l'intention avait suffi. En Orient on ne regarde jamais fixement un objet quelconque, une maison, un animal, une personne, un arbre même, sans devenir à l'instant suspect et passer pour *jettatore*. Je faisais le désespoir des portiers du Caire, en m'arrêtant devant les maisons dont les portes et les balcons attiraient mon attention, et ma curiosité m'a valu de leur part bien des malédictions.

Un peu plus loin j'eus la contre-partie de cette scène muette. Une troupe d'enfants nus, et dont le plus âgé n'avait pas quatre ans, se livrait à une fantasia bruyante, que ma présence n'interrompit point. L'un des marmots frappait à coups redoublés sur un tambour plus gros que lui; les autres dansaient en rond dans la poussière. Si j'avais eu le pinceau de Decamp, j'aurais pu là faire le pendant de sa *Sortie d'école arabe.* Le tambour, *tarabouka*, en usage à pareille fête, n'est qu'un plat creux, ovale plutôt que rond, fait de terre grossière, et sur lequel on tend une feuille de parchemin. Cet instrument rudimentaire est l'accompagnement indispensable et comme la base de toutes les fantasias arabes : on l'entend partout, et je l'avais déjà entendu dans la journée à bord d'une barque du pays, revenue de Kosseir et où les parents et amis des nouveaux arrivés étaient allés célébrer, eux aussi, une fantasia de réjouissance qui dura toute la journée.

Yambo est affligé d'une si prodigieuse quantité de mouches qu'elles envahissent tout, boutiques, maisons, mosquées, jusqu'aux barques du port, et particulièrement le marché, qui en est littéralement noir : on en mange, on en boit, on en respire; c'est un fléau comparable aux sept plaies d'Égypte. Elles sont toujours très-nombreuses dans les pays à dattes; tout ce qui est sucré les attire; mais les dattiers sont trop loin de la ville pour être la cause d'une telle invasion ; il faut en chercher une autre : si vous la demandez aux indigènes, il vous répondront sérieusement, et ils le croient, que le roi ou la reine des mouches réside à Yambo, et qu'il en vient de toutes les parties du monde pour lui faire leur cour.

La ville n'a que des puits saumâtres ; pour se procurer de l'eau potable, on est obligé de conserver dans de vastes citernes construites en maçonnerie celle des pluies et des torrents d'hiver ; quand elle manque, il faut en aller chercher bien loin jusqu'aux puits d'Aseïlia, et elle coûte alors fort cher. Sauf un ou deux palmiers isolés devant les mosquées, il n'y a point d'arbres à l'intérieur de la ville, et pas davantage à l'extérieur. Étant sorti par la porte de Médine pour faire un tour dans la campagne, je n'en aperçus pas un seul, et ne découvris qu'un désert stérile qui de la mer s'étend sec et nu jusqu'aux montagnes.

On ne rencontre quelque végétation et de la verdure qu'à six ou sept heures de marche, à Yambo-el-Nakhel, une grande vallée plantée de dattiers et semée en blé, où les habitants riches ont des jardins et des maisons de campagne ; ils s'y rendent à baudet, n'ayant que fort peu de chevaux, et y passent un mois chaque année à la saison des dattes. Cette vallée, située au pied des montagnes, a une douzaine de villages dont les maisons sont en pierre, mieux bâties, à ce qu'on dit, et ce n'est pas dire beaucoup, que celles de la ville elle-même. C'est dans un de ces villages que réside le cheik de la grande tribu des Djeheïné, à laquelle appartient la population d'Yambo.

Restée bédouine, quoique enfermée dans des murailles, elle a conservé, en devenant citadine, le costume de ses compatriotes du désert, lequel ici consiste en une chemise de toile ou de soie, suivant la condition des personnes, serrée à la taille par une ceinture de cuir, et par-dessus laquelle on passe un abbaya blanc, sorte de vêtement très-ample de corps et très-court de manches. La tête est couverte du *keffieh*, mouchoir de coton rouge, bordé en soie jaune, et dont les pointes ornées de franges retombent sur les épaules. Une corde en poil de chameau, nommée *agal*, le serre autour de la tête, dont il fait plusieurs fois le tour. Tous les hommes ont des armes cachées et portent à la main, en guise de badine, un gourdin fait pour assommer un bœuf d'un seul coup. Puisque nous voici sur le chapitre de la toilette, je dirai, en passant, que j'avais ce jour-là, pour la première fois, remplacé le chapeau européen, cet objet d'horreur pour les musulmans, par le *tarbousch*, calotte rouge à flot bleu que je ne quittai plus qu'à mon retour au Caire. J'y joignis le keffieh, qui m'a rendu les plus grands services dans mon voyage au Soudan, et, plus tard, l'abbaya qui ne m'en a pas rendu moins.

Bédouins par le costume, les habitants d'Yambo le sont également par les habitudes intérieures, à cela près cependant qu'ils se livrent volontiers au commerce, à la navigation, et qu'ils fréquentent journellement, dans ce but, Kosseir et Suez. Contrebandiers déterminés et souvent à force ouverte, ils ont toujours maille à partir avec la douane turque. Ils n'en jouissent pas moins, dans tout le Hedjaz, d'une grande réputation de moralité, ce qui les distingue avantageusement des Villes Saintes, où les mœurs, surtout à la Mekke, sont très-dissolues. Ils dédaignent tout travail manuel, toute fonction servile; aucun d'eux ne consentirait à être domestique; mais, en revanche, ils passent pour rudes, grossiers, parfois sauvages dans leurs paroles et dans leurs actes. Tout ce que j'en puis dire par expérience, c'est que je les ai trouvés peu civils à la vérité, mais n'ai reçu d'eux aucune avanie. Ils doivent être fort superstitieux, si l'on en juge par la coutume que voici : en temps de peste, ils promènent un chameau dans tous les quartiers de la ville, afin de lui faire assumer et de concentrer sur lui le fléau tout entier; après quoi ils égorgent, dans un lieu consacré, ce bouc émissaire d'une nouvelle espèce, s'imaginant qu'en le tuant ils tuent du même coup la contagion.

Après avoir parcouru la ville dans tous les sens, et ne voulant me rembarquer qu'au coucher du soleil, je vins, pour l'attendre, m'établir à la porte d'un café situé dans la rue la plus populeuse et tout près d'une mosquée. J'eus ainsi l'occasion de voir défiler sous mes yeux, pendant plusieurs heures, toute la population masculine ; car, pour les femmes, je n'en vis pas une seule. D'abord c'étaient les fidèles qui allaient à la prière de l'après-midi, *Asr*, dans la mosquée voisine ; vint ensuite le baigneur de la ville, qui m'engagea à plusieurs reprises et fort poliment à honorer son établissement de ma présence ; puis passèrent et repassèrent fièrement devant moi plusieurs bachi-bouzouks, Arnautes ou Kurdes, que la Porte tient ici en garnison et qui, armés de leurs longs pistolets, drapés dans leur burnous blanc, affectaient des airs de matamores pour faire impression sur moi. Ce fut après eux le tour du gouverneur, qui ne venait là que par curiosité et pour solliciter ma visite ; mais n'étant qu'un simple effendi, il n'avait aucun droit à cette déférence de ma part : Européen, Français, voyageur de distinction, suivant la formule et comme est censée l'être toute personne voyageant pour son agrément ou son instruction, je ne lui devais aucune prévenance.

On s'étonnera peut-être de me voir revenir si souvent et de me trouver si roide sur le chapitre de l'étiquette; mais cela est nécessaire en Orient, où tout est réglé et où le cérémonial est très-rigoureux : la considération des Européens est souvent attachée à ces puérilités. Toute infraction aux us établis tourne inévitablement contre celui qui la commet; la moindre concession, la plus légère avance est considérée non comme un acte de condescendance, mais comme un acte de soumission, comme une reconnaissance de sa propre infériorité et un hommage rendu à la supériorité d'autrui. Obligés de céder le pas aux chrétiens dans toutes les choses importantes, les Orientaux, et surtout les Turcs, reprennent très-habilement leurs avantages dans les petites questions de préséance et dans les relations de tous les jours. Il faut avec eux partir de ce principe que rien n'est indifférent de leur part, comme rien ne l'est à leurs yeux.

Le divan du gouverneur, chez lequel je n'allai donc point, est une maison d'assez bonne apparence, la meilleure de la ville et bâtie au bord de la mer dans une situation agréable; passant devant pour retourner au port, je fus surpris de voir tout près sous un hangar une demi-douzaine de canons abandonnés là, il y a quelque trente ans, par Méhémet-Ali ou par son fils, Ibrahim-Pacha, après la guerre des Wahabites. Ils sont en fort bon état, et ne seraient point déplacés dans un parc d'artillerie européen.

Le lendemain, le sambouk apparcilla au chant du muezzin, qui, du haut des minarets, appelait les croyants à la première des cinq prières du jour, celle qui représente les matines catholiques et qui, pour cette raison, s'appelle en arabe le chant de l'aube, *Adan-el-Fajr*. Au lever du soleil nous avions déjà fait plusieurs milles. Les journées du 7, du 8 et du 9 furent en tout semblables à celles du 3, du 4 et du 5 : aussi bon vent, aussi belle mer, marche aussi rapide, même existence contemplative, couchant radieux et stations nocturnes en pleine mer. L'équipage, n'ayant plus à ramer, retomba dans son indolence, passant tout le jour à fumer ou à dormir, véritable vie de fainéant. Ces parages ne sont pourtant pas sans danger, même par les temps les plus propices, à cause des bancs de rochers et des écueils sous-marins dont ils continuent à être hérissés. Mais la longue pratique des pilotes leur fait un jeu de ces périls, et j'admirais la dextérité avec laquelle le nôtre passait à travers tous ces obstacles, sans paraître seulement se douter de leur présence. Si timides dans la haute mer, ces hommes sont ici pleins de résolution et presque de témérité ; c'est leur vrai terrain, et la routine les guide mieux que les meilleures cartes.

La veille de notre arrivée à Yambo, le reïs avait été pris d'une fièvre intermittente dont il n'avait pu se délivrer, et qui le tourmenta jusqu'à Djeddah.

Tant que durait l'accès, il restait couché sur son tapis en grelottant et en poussant des gémissements lamentables; l'accès passé, il reprenait sa pipe et ses fonctions. Ces alternatives de bien et de mal se renouvelaient plusieurs fois par jour. Mon compagnon de voyage, qui s'était muni d'une pharmacie homœopathique, avait bien essayé sur le malade ses petits talents médicaux, mais sans succès; le patient ne s'en était pas mieux trouvé, et la fièvre suivait son cours. Khalil Salam, ainsi se nommait le reïs, était un fort aimable homme, obligeant, poli, comme on a pu déjà s'en convaincre, et toujours prêt à nous complaire. Le prévoyant Costa avait stipulé, dans le contrat, qu'en toute chose le voyage nous devait être agréable, et que le capitaine serait tenu de nous le rendre tel. Jamais engagement ne fut mieux rempli; le traité, chose rare en Europe, fut exécuté ponctuellement dans toutes ses parties. Je n'ai pas eu l'ombre d'une observation, encore moins d'un reproche à faire à Khalil Salam, pendant tout le temps que j'ai passé à son bord. Je doute qu'il existe, dans n'importe quel port de l'Occident, beaucoup de capitaines aussi scrupuleux et aussi complaisants. Il ne portait en mer, comme le reste de l'équipage, qu'une chemise de toile; mais pour descendre à terre, il mettait de beaux habits de soie, et il avait tout à fait l'air d'un personnage.

La côte continue d'être bordée de hautes montagnes, dont les plus apparentes sont Napa, Loubeh et le mont de Job, en arabe Eyoub. En s'avançant vers le midi, elles affectent presque toutes la forme pyramidale; le plus visible de ces cônes aériens est celui de Kelaya. Encore plus au sud, elles s'abaissent par degrés, et, en approchant de Djeddah, la côte devient tout à fait plate. C'est dans l'intérieur de ces montagnes, situées entre la Mekke et Médine, que l'on recueille d'un arbre très-commun dans les vallées ce fameux baume de la Mekke, dont la réputation est si grande en Orient, voire en Occident. On y recueille également un miel d'une saveur exquise et d'une blancheur étincelante. C'est là aussi que croît l'*arak*, un arbuste dont les Arabes font leurs brosses à dents. Les régions supérieures sont fréquentées par des aigles tellement audacieux, qu'ils fondent sur les caravanes et enlèvent jusque dans les plats le dîner des pèlerins. Burkhardt l'affirme, et a été lui-même victime d'un de ces rapts insolents.

Les parties basses sont habitées par les Arabes Zébéïdé de la grande tribu de Beniharb, mal vus des autres Bédouins, parce qu'ils sont sédentaires et se livrent à la pêche. Nous rencontrâmes en pleine mer un de ces hardis pêcheurs, un homme superbe, admirablement découplé et entièrement nu; on eût dit un Triton en bronze florentin. Fièrement campé sur son bateau, il vint nous offrir son poisson ; mais le marché ne put se conclure parce qu'il refusa notre argent, exigeant pour prix de sa marchandise du blé ou du tabac : nous n'avions à bord ni l'un ni l'autre.

Il y a plusieurs villes ou villages sur cette côte, Djar entre autres, que nous ne pûmes distinguer, en passant, qu'à l'aide d'une lunette. Un peu plus haut, dans l'intérieur, est Mastoura, l'une des stations de la caravane du Caire. Beaucoup plus au sud est Rabegh, que nos marins prononçaient Rabr, et à la hauteur de laquelle, mais fort avant en mer, nous passâmes la nuit du 8. Nous avions passé la précédente sous la ligne du tropique. Le 9 nous trouvâmes encore beaucoup d'écueils et de bancs de corail, qui tous ont un nom particulier : l'un de ces dangereux passages se nomme, si j'ai bien entendu, Om el Hableijn, mer des Deux Cordes. Non loin est l'île de Ghaouat. Vient ensuite le ras Hatiba. Peu de temps après l'avoir doublé, nous nous croisâmes avec un sambouk monté par des derviches qui revenaient de la Mekke et qui naviguaient sous pavillon vert. C'est la couleur sainte des musulmans, comme elle était celle de l'Inquisition d'Espagne. Nonobstant leur sacré caractère et notre qualité d'infidèles, les derviches nous saluèrent bruyamment au passage, et leurs cris mêlés de musique et de chants retentirent sur les eaux, aussi longtemps que nous pûmes les entendre. Nous avions fait peu de rencontres pendant le voyage, et, bien qu'ayant navigué quelquefois de conserve avec d'autres bâtiments suivant la même route, notre sambouk était si fin voilier, que nous les avions toujours dépassés.

Cette dernière journée fut excellente : partis à deux heures après minuit, nous fîmes près de soixante-dix milles jusqu'à huit heures du soir, heure à laquelle nous entrâmes dans la rade de Djeddah.

Jamais traversée ne fut plus rapide : déduction faite de nos relâches volontaires et du voyage au Sinaï, nous n'avions mis, de Suez à Djeddah, que onze jours, ce qui fait une moyenne d'environ soixante milles marins par jour ; c'est assurément fort bien marcher, pour s'arrêter toutes les nuits. Je ne veux pas quitter la mer Rouge sans dire qu'elle est très-riche en coquillages précieux et qu'on y trouve, surtout dans les eaux de Djeddah, beaucoup de poissons volants, appelés par les Arabes *dsjerâd el bahhr*.

En entrant en rade de nuit, le reïs avait enfreint les règlements de la police locale, et il n'avait commis cette contravention que pour nous faire débarquer plus tôt. Il en fut puni par la prison, où il serait resté probablement plusieurs jours, si je n'étais intervenu auprès des autorités pour l'en faire sortir quelques heures après son arrestation, m'estimant heureux d'avoir reconnu par ce léger service ses bons procédés pendant le voyage. Un large *bakchich*, distribué aux hommes de l'équipage et à lui-même, acheva d'acquitter notre dette. Nous couchâmes à bord encore cette nuit, et le lendemain nous dûmes, pour débarquer, attendre que la marée nous le permît. Le port de Djeddah est tellement obstrué de bancs de sable et de bas-fonds, que les bâtiments d'un tirant d'eau tant soit peu fort sont obligés de mouiller à deux ou trois milles de la côte. Un trois-mâts échoué dans les passes est là comme un témoignage inquiétant des dangers qu'on y court. Un bateau plat vint nous chercher pour nous conduire à terre, et fut obligé lui-même à de grandes circonvolutions pour ne se point ensabler; encore n'en gratta-t-il pas moins le fond plus d'une fois. Pourtant nous débarquâmes sains et saufs, mais seulement à neuf heures, sur le quai de la Douane, non loin d'un vieux château fort, en mauvais état mais pittoresque, qui s'avance dans la mer.

VI

Djeddah.

Djeddah n'est qu'un trou, m'avait-on dit au Caire, et on me l'avait si souvent répété, que je m'attendais à le trouver tel. Quelle fut ma surprise, en trouvant au contraire une jolie ville, bien bâtie, bien percée, bien peuplée, vivante, animée, digne en tout point d'être ce qu'elle est en effet, le port de la Mekke, et non moins digne de son nom, qui en arabe signifie Riche. Défendue du côté de la mer, outre ses bas-fonds et ses bancs de sable, par un fort et par des batteries, dont une, énorme pièce de cinq cents, est la terreur des Bédouins, la ville est environnée, des autres côtés, par un mur épais, assez élevé, bien entretenu, précédé d'un fossé et flanqué de tours en bon état. Ce rempart ne résisterait pas une heure à l'artillerie européenne; mais dans les guerres du pays, notamment dans celle des Wahabites, il a toujours suffi pour la protéger et la faire respecter; aussi passe-t-elle pour imprenable, et pour la place la plus forte de tout le Hedjaz. Ce mur est percé de trois portes, la porte de l'Yemen au sud, la porte de Médine au nord; à l'est enfin celle de la Mekke, la plus belle des trois, est gardée par deux tours basses taillées élégamment à jour au faîte.

Djeddah est à 15 ou 16 heures de la Mekke, et compte de 15 à 20 000 âmes. La ville est divisée en deux grandes sections, le quartier de l'Yemen et le quartier syrien, ainsi nommés à cause de leur position géographique : celui-ci au nord, dans la direction de la Syrie; l'autre au midi, dans celle de la province d'Arabie, dont elle prend le nom. Il existe d'autres subdivisions, habitées chacune par des populations distinctes et qui se livrent souvent, de quartier à quartier, des combats acharnés. Les rues, assez larges, pas trop malpropres, s'ouvrent de temps en temps sur des places spacieuses, bien aérées, et qui sont comme les poumons de la cité. Les maisons, solidement construites et à plusieurs étages, avec des portes en ogive, sont en pierre, de belle apparence et percées de grandes fenêtres extérieures, chose rare dans les pays musulmans, où la vie domestique, entièrement concentrée à l'intérieur, ne laisse pénétrer du dehors ni jour, ni air, ni bruit, ni regards indiscrets. Ces fenêtres n'ont pas de vitres; mais elles sont fermées, dans toute leur ouverture, par des grilles en bois découpé, d'un travail très-fin, et qui permettent de voir du dedans sans être vu du dehors; saillants et cintrés comme les *mouscharabys* ou balcons du Caire, ces astucieux treillis sont peints de couleurs vives, et tranchent sur le fond blanc des murs. Plusieurs terrasses sont bordées d'élégantes balustrades à trèfle, et quelques-unes, celles entre autres de la maison occupée de son vivant par le dernier Grand-Chérif indépendant, sont surmontées de vastes kiosques en bois sculpté comme les fenêtres, et où les femmes prennent le frais sans être aperçues. On vit beaucoup sur les terrasses, parce que les brises de mer y tempèrent la chaleur souvent insupportable pendant l'été.

Le bazar a toute la longueur de la ville et court parallèlement à la mer, avec laquelle il communique par des rues latérales. Il est bien assorti de toute espèce de marchandises, la plupart étrangères, et de denrées indigènes ou exotiques : Damas, Bagdad, la Perse, l'Égypte et surtout l'Inde, y sont représentés par leurs produits naturels ou manufacturés. Il y règne à toute heure un mouvement extraordinaire, et ce n'est pas chose facile que de s'y frayer un passage à travers les ballots, les chameaux et les portefaix, sans parler des chiens errants, d'ailleurs fort pacifiques, qui cherchent leur vie dans la bagarre. Les hommes de peine employés aux gros travaux du bazar et du port sont presque tous des Nubiens ou des montagnards indigènes appelés Hadharémé ; ce sont en général des hommes superbes, musculeux, vigoureux, presque entièrement nus, et dont la peau fine et luisante est d'un brun très-foncé. On voit aussi quelques noirs pur sang, venus de contrées plus voisines de l'Équateur ; mais ils sont esclaves, tandis que les autres sont libres et font payer cher leurs services. Ce bazar intermédiaire entre l'Afrique et l'Asie est intéressant par la variété des figures qu'il présente, depuis le type inférieur des nègres les plus disgraciés jusqu'au type parfait des races privilégiées du Caucase. La diversité de langues et de costumes n'est pas moins piquante : Arabes des villes et du désert, marchands de Mascat et de Bassora, Turcs, Syriens, Grecs, Égyptiens, Barbaresques, Indiens en très-grand nombre, Malais même et Banians, tous portant leur habit national, et tous parlant leur idiome particulier, se pressent, se croisent, se coudoient ou s'établissent dans les cafés pour y traiter de leurs affaires.

On taille à Djeddah des pierres soi-disant fines, bien que fort peu précieuses, celle entre autres appelée pierre de la Mekke, dans le pays *akiké*, et qui n'est, je crois, qu'une cornaline; on en fait des bagues montées en argent, d'un travail grossier, et des chapelets très-recherchés par les pèlerins. On y tourne également en chapelets le corail noir, en arabe *iosser*, assez commun dans le golfe Arabique, et dont le plus estimé pour sa dureté et son poli se pêche au midi de Djeddah.

Djeddah est réputée ville sainte au même titre que la Mekke et Médine, et tous les hommes nés dans ses murs portent, comme ceux de la Mekke, le *m'eschalé*, incisions profondes pratiquées au visage des enfants, le quarantième jour de leur naissance, trois à chaque joue et deux à chaque tempe, afin que la cicatrice leur en reste toute la vie et les signale à la vénération des

Croyants. Ces stigmates sacrés de l'islamisme rendent très-fiers ceux qui en sont honorés.

Autrefois, les chrétiens n'étaient pas plus tolérés à Djeddah qu'ils ne le sont encore aujourd'hui dans les deux autres cités saintes. Ils n'auraient osé s'y montrer dans le costume européen, et, s'ils mouraient, leurs restes étaient relégués dans une petite île de la rade, afin de ne point souiller la terre sacrée du Prophète. Les choses sont bien changées : les chrétiens jouissent maintenant à Djeddah d'une liberté et d'une sécurité aussi grandes qu'en Égypte et à Constantinople. J'ai parcouru la ville dans tous les sens, à toutes les heures du jour et de la nuit, presque toujours seul, et non-seulement je n'ai été insulté par personne, mais j'ai trouvé chez tout le monde de la politesse et de l'obligeance.

Je n'étais importuné que par les mendiants qui pullulent dans tous les quartiers de la ville, et qui sont presque tous Indiens : venus de leur patrie pour le pèlerinage, ils manquent d'argent pour y retourner, et, dénués de toutes ressources, ils restent ici à la charge du public. Beaucoup de pèlerins égyptiens, nubiens, et surtout de nègres du Soudan, sont tout aussi pauvres; mais ils travaillent courageusement, afin de gagner la petite somme nécessaire à leur retour au pays natal; plus indolents et plus paresseux, les Indiens aiment mieux vivre d'aumônes et préfèrent un exil éternel au plus léger travail. Quelques-uns cependant, mais c'est l'infiniment petite minorité, se livrent à divers métiers sédentaires : j'ai employé pendant mon séjour un tailleur cachemirien d'une adresse et d'une patience extraordinaires. Le gouvernement britannique s'est ému de ces émigrations annuelles; mais sa politique ne lui permettant pas de gêner ses sujets musulmans dans l'exercice de leur culte, il s'est borné à rendre les capitaines marchands responsables du retour des pèlerins qu'ils emmènent à Djeddah : il en résulte que ceux-ci ne sont plus reçus sur aucun navire à moins de prouver qu'ils peuvent subvenir aux frais de leur double traversée.

Malgré leur sainteté, la grande, l'unique affaire des habitants de Djeddah c'est le commerce, qui se fait argent comptant et où ils s'enrichissent généralement. D'origine étrangère pour la plupart, ils sont actifs, entendus, et leur vivacité de corps et d'esprit contraste avec l'apathie solennelle et stupide de tant d'autres Orientaux, notamment des Turcs. Ils ont la peau d'un brun très-foncé et recherchent la parure à peu près autant, ce qui n'est pas peu dire, que les Mekkaouis, habitants de la Mekke. Leur costume est le même absolument, tant celui des femmes que celui des hommes : le justaucorps de ces derniers ou vêtement de dessous est en soie rayée de couleurs voyantes, et serré à la taille par une ceinture de cachemire; ils jettent par-dessus pour sortir une grande robe ouverte en drap très-fin, appelée *béniche* ou *djubbé,* suivant la saison, et fabriquée ordinairement à Bagdad. Leur tête est couverte d'une calotte blanche richement brodée, autour de laquelle s'enroule un turban de mousseline. Les hommes du peuple n'ont d'autres vêtements qu'une longue chemise en toile grossière.

Quant aux femmes, je n'en peux rien dire, n'en ayant vu aucune : je sais seulement qu'elles ont la peau moins brune que les hommes et qu'elles se coiffent comme eux, à cette différence près qu'elles ornent leurs cheveux de rivières de sequins. Celles du commun, les seules qu'on rencontre dans les rues, sont rigoureusement voilées et entièrement cachées dans de vilaines robes de coton bleu. Les autres portent de larges pantalons bleus brodés en argent et des robes très-riches en soie de l'Inde. Lorsqu'elles sortent, ce qui n'arrive pas souvent, elles se couvrent le visage d'un voile blanc ou bleu pâle nommé *bourko*, et s'enveloppent d'une vaste mante en taffetas noir qui n'est que le *habra* des Égyptiennes. Elles raffolent des bijoux, comme toutes les femmes de l'Orient et de l'Occident, se chargent de bagues, de colliers, de bracelets, le tout en or, et s'entourent la cheville d'anneaux d'argent. Voilà pour leur costume de cérémonie. Dans leur intérieur, elles sont, m'assura-t-on, si peu vêtues, qu'on peut dire, sans leur faire tort, qu'elles ne le sont pas du tout, principalement les esclaves. Il n'est pas rare, dans les quartiers peu fréquentés, d'apercevoir, à travers des fenêtres mal closes par mégarde ou à dessein, des bustes féminins complétement découverts.

Je n'ai guère eu jusqu'ici que du bien à dire de Djeddah. Voici maintenant le revers de la médaille : la bonne eau y est rare, et l'air y est mauvais pendant l'été ; à la fois chaud et humide, il relâche la fibre, énerve tout l'organisme, surtout par le vent du midi ; beaucoup d'étrangers et même d'indigènes ne peuvent s'y accoutumer. La dyssenterie, les fièvres intermittentes et putrides sont presque endémiques sur cette côte, la plus malsaine de toute l'Arabie. J'eus moi-même à souffrir pendant quelques jours de ce climat pernicieux, et je pus juger par cet échantillon de ce qu'il doit être pendant la canicule. Quoique seulement à la mi-février, le thermomètre marqua jusqu'à 23° Réaumur ; un vent du sud très-violent soufflait du feu au lieu d'air. L'atmosphère était si lourde que j'en étais écrasé ; j'avais peine à marcher, et tout mon corps était imprégné d'une moiteur insupportable. J'ajoute que les mouches et les moustiques étaient fort incommodes. Les autres habitants ailés de Djeddah sont les éperviers, si communs dans toutes les villes arabes, que depuis mon voyage je n'ai jamais entendu leur cri perçant sans voir au même instant par les yeux de la mémoire des minarets, des palmiers et des turbans.

Si l'on sort de la ville par la porte de la Mekke, on tombe aussitôt dans un véritable camp africain : dispersées à la frontière du désert, car le désert commence à la porte comme à Yambo, à Tor, à Suez, des huttes de paille ou de palmier sont la demeure des Nubiens employés au port, au bazar, et de quelques misérables familles du pays, trop pauvres pour se loger ailleurs. Les femmes libres du plus bas étage peuplent également ces réceptacles immondes; indépendamment de leur industrie, il se tient là un marché de bois, de légumes et une foire aux bestiaux. Les bœufs du pays sont à bosse, très-petits et très-chers : on les vend jusqu'à 6 talaris; à Massaoua ils n'en valent qu'un. Non loin, en se rapprochant de la porte de Médine, est une vaste caserne bâtie par Méhémet-Ali au temps de sa guerre contre les Wahabites, et dont le commandant, Ismaïl-Bey, un binbachi turc, plus poli que son collègue du Sinaï, me fit les honneurs avec une extrême obligeance, sans omettre le café ni la pipe. Des moulins à vent, construits également tout près de là par Méhémet-Ali pour l'usage de ses troupes, et abandonnés immédiatement après son départ, comme une innovation européenne, servent aujourd'hui de poste à des soldats irréguliers.

A une portée de fusil de la caserne se trouve un

cimetière clos de murs et soigneusement fermé par une porte, le seul de ce genre que j'aie vu en Orient, où les sépultures gisent à l'aventure, sans clôture et sans gardien. Or, devinez qui est enterré dans ce cimetière? Ni plus ni moins qu'Ève, la mère du genre humain. Il existe à son sujet, parmi les savants du pays, une légende qui fait peu d'honneur à nos premiers parents. On raconte qu'Adam, s'étant lassé de sa femme, après avoir fait cependant bon ménage avec elle durant une centaine d'années, s'adressa, pour changer, à ses propres filles; il est vrai qu'il n'avait pas le choix, puisqu'il n'existait pas d'autres femmes sur la terre. Ayant appris cette infidélité, l'épouse délaissée jura d'en tirer vengeance et s'adressa, de son côté, à ses propres fils, puisqu'il n'y avait pas non plus d'autres hommes sur toute la surface du globe; mais ceux-ci lui répondirent un peu brutalement qu'elle était trop vieille, et qu'ils ne voulaient pas d'elle. Condamnée à rester sage malgré elle, notre mère commune en fut pour ses avances, et dévora son dépit. Adam pourtant, après sa faute, revint à sa femme légitime. Ayant fait ensemble, après la réconciliation, un voyage à travers l'Arabie, Ève mourut ici même, et fut ensevelie par son époux avec tous les honneurs dus à ses longues vertus. Devenu veuf, Adam continua ses voyages, et s'en alla mourir, à son tour, dans l'île de Ceylan, où il fut enterré, on ne dit pas par qui, ni comment il avait traversé la mer. Ce double inceste, l'un consommé, l'autre en intention, inaugure d'une manière assez peu morale les fastes domestiques de l'humanité. Les musulmans, grands défenseurs de la famille, n'en répètent pas moins l'histoire avec complaisance comme une sanction de la polygamie et comme une preuve irrécusable que l'unité des femmes n'est pas dans la nature.

Restées à la hauteur de leur mère et si dignes d'elle à tout autre égard, les filles d'Ève ont bien dégénéré sous le rapport de la taille : son tombeau n'a pas moins de soixante mètres; une petite mosquée couverte d'une coupole blanche s'élève sur l'ombilic. Toutes les autres sépultures pâlissent naturellement auprès de celle-là : j'ai remarqué néanmoins celle d'Osman-Pacha et de sa famille. Les tombes n'ont d'autre ornement extérieur que deux pierres droites dressées l'une à la tête et l'autre aux pieds; mais beaucoup sont ombragées de palmiers, d'aloès et d'arbustes verts qui donnent à ce champ de la mort un aspect riant. Peu soucieux du voisinage, de jeunes Indiens, fort bien vêtus, jouaient à la paume tout près de là, avec beaucoup d'adresse et de gaieté.

La mort ne revêt pas chez les mahométans, plus chrétiens en cela que les chrétiens eux-mêmes, le caractère sombre que nous lui imprimons contrairement à notre dogme fondamental, qui fait de la mort une délivrance et la porte de la gloire éternelle. A certains jours de la semaine, généralement le vendredi, qui est le dimanche des musulmans, les parents et amis des trépassés se rendent dans les cimetières, non pour y gémir ou pour y prier, mais pour y converser avec les absents, comme s'ils étaient présents, et pour prendre sur leurs tombeaux des collations fort peu lugubres. Les femmes surtout sont fidèles à cette coutume, parce qu'elle leur assure chaque semaine quelques heures de liberté dont elles profitent bien. Les cimetières de Constantinople en particulier sont des lieux de réunion et de rendez-vous, où les dames turques les mieux nées ne manquent pas de venir tous les vendredis; quoique voilées, elles y laissent voir assez de leurs charmes pour tourner la tête aux passants.

Si l'aspect du cimetière est plutôt riant, le site qu'il occupe est mélancolique et fort peu pittoresque : d'un côté, on a la mer qui en cet endroit se termine en lagunes, lesquelles se terminent elles-mêmes en marais salants; puis viennent les sables, et toujours des sables jusqu'aux bornes de l'horizon. A peine visible dans l'éloignement, une ligne de montagnes vaporeuses se perdait dans les brumes du soir. J'eus encore une fois ce jour-là l'occasion d'observer la brièveté du crépuscule dans ces latitudes tropicales. Le soleil venait de se coucher ; son globe incandescent n'était pas encore éteint dans les flots, que la nuit envahissait déjà le côté opposé du ciel : elle était venue tout à fait lorsque je rentrai dans la ville par la porte de Médine.

Notre demeure était près de cette porte, dans la partie haute du quartier syrien. Djeddah a pour les voyageurs plusieurs khans ou okels, où ils trouvent à la fois des magasins pour leurs bagages ou leurs marchandises, et pour eux-mêmes les quatre murs d'une chambre absolument nue ; mais ces refuges sont spécialement destinés aux marchands ; ne l'étant ni ne le voulant paraître, nous avions pris possession d'une maison occupée autrefois par un consul de France, et abandonnée maintenant aux oiseaux du ciel. Le propriétaire était à la Mekke ; son *vekhil*, ou fondé de pouvoir, ne voulait ou n'osait pas nous la louer en son absence, et parlait de lui envoyer un message pour obtenir son agrément ; mais nous étions pressés, et, pendant qu'il hésitait et demandait du temps pour réfléchir, nous nous étions installés provisoirement : ce provisoire dura jusqu'à notre départ de Djeddah, c'est-à-dire un mois tout entier. Aucun prix n'ayant été fixé, nous payâmes en partant cinq talaris, somme qui fut regardée comme un loyer convenable et même un peu gros, vu l'état des lieux. Il ne fut pas facile en effet de déblayer les décombres dont l'intérieur était obstrué. On parvint enfin à rendre à peu près habitables deux chambres que notre mobilier de voyage, tapis, coussins, matelas, garnit suffisamment. Notre cuisinier Gasparo s'empara de la cuisine située sur la terrasse; les autres domestiques se nichèrent où ils purent, comme ils purent, et nous voilà dans nos meubles comme des bourgeois sédentaires.

Ma chambre était au deuxième étage, avec une énorme fenêtre en saillie, fermée ou censée fermée par un système très-compliqué de contrevents à jour qui laissaient entrer le vent, la poussière, le soleil et les oiseaux, car la chambre était pleine de nids. Voici ce que je voyais et entendais de là tous les jours et toutes les nuits. D'abord j'avais sous les yeux une immense étendue de mer confondue avec le ciel aux dernières limites de l'horizon; peu de voiles émaillaient ce champ d'azur, mais sa nudité ajoutait à sa grandeur et plongeait la pensée dans les inénarrables rêveries de l'infini. En revenant vers la terre, mon œil dominait toute la partie septentrionale de la ville, le bazar où j'entendais bruire les hommes et les chameaux, les terrasses où j'apercevais, la nuit, l'ombre des femmes, plusieurs mosquées enfin surmontées de leurs minarets.

J'en avais à quelques pas un svelte, élégant, orné

de deux galeries extérieures, où un vieux muezzin entonnait, cinq fois par jour, son chant monotone : avant l'aube, *el Fagr;* à midi, *el Deghri;* à trois heures, *el Asr;* au coucher du soleil, *el Mogreb;* une heure après, *el Achia;* et chaque fois, avant de faire sa prière, le fidèle est tenu à des ablutions au visage, derrière les oreilles, aux mains jusqu'aux coudes, aux pieds et ailleurs encore. Malheureusement mon voisin le muezzin avait la voix criarde, chevrotante, et je comprenais, en l'entendant, cet habitant du Vieux-Caire, qui ayant près de chez lui un muezzin dont la voix était agréable, lui faisait une pension pour le fixer à son minaret. Tout près de la mosquée et communiquant avec elle, s'élevait une maison habitée par des ulémas; on y célébrait tous les soirs, et fort avant dans la nuit, de grandes fantasias religieuses : chants, prières, sermons, le tout en musique, mais quelle musique ! avec accompagnement de flûtes et de tambourins. C'étaient, près de là, d'autres fantasias d'une nature bien différente : des nègres du Soudan, revenus du dernier pèlerinage de la Mekke, passaient toutes leurs soirées à chanter, à danser ; chants et danses de sauvages, qui emportaient l'esprit bien loin dans les profondeurs du continent africain.

Chaque matin, à la même heure, une jeune et fort jolie Bohémienne de Sioul, en Égypte, type originel de sa race, passait sous ma fenêtre, en chantant d'une voix fraîche et douce une complainte mélancolique, toujours la même, et que sa monotonie rendait plus triste encore et plus plaintive. Toutes les fibres de mon cœur en étaient émues le dernier jour comme le premier. Le soir, venait le tour d'un Indien, un mendiant couché sur sa natte au coin de la rue et qui chantait lui aussi, sur la terre étrangère, les airs de sa patrie. Son chant se prolongeait si tard, qu'il m'empêcha bien souvent de dormir ; mais je lui pardonnais mes insomnies tant j'éprouvais de plaisir à l'entendre. Et puis, c'était tous les jours et tout le jour le retentissement lointain du tarabouka dans les divers quartiers de la ville, des fanfares militaires, des coups de fusil continuels, souvent des coups de canon en l'honneur des victoires remportées ou non sur les Russes, mille bruits, en un mot, mille rumeurs confuses, semblables au murmure éloigné de l'Océan qui, par moments, couvrait tout de sa grande voix.

Un jour, je vis de ma fenêtre entrer dans la rade une barque arrivée du Sud, et je crus m'apercevoir à la faveur d'une longue-vue qu'elle était chargée d'une cargaison humaine. On me dit, en effet, qu'elle amenait de Massaoua un chargement d'esclaves des deux sexes, et que parmi les femmes il s'en trouvait une presque blanche, quoique Abyssinienne. Je fus curieux de la voir ; mais elle était déjà vendue : alléché par sa couleur claire, un Turc du Divan, frère ou du moins parent du pacha, l'avait achetée immédiatement et payée cher. Les esclaves blanches sont aujourd'hui très-rares sur les marchés de l'Orient, et ce n'est plus guère qu'à Constantinople qu'il s'en offre de temps en temps, parce qu'il n'existe que dans cette ville des fortunes assez considérables pour en faire l'acquisition ; c'est un caprice de vingt à trente mille francs : de pareils joyaux ne sont pas, on le sent, à la portée de toutes les bourses. L'orgueil de ces femmes est intolérable : se sachant destinées à de hauts et puissants seigneurs, elles affichent pour le reste des mortels un souverain mépris ; malheur au simple particulier qui oserait s'en passer la fantaisie ! il ne tarderait pas à s'en repentir : il lui faudrait bien vite renvoyer au bazar une marchandise si indocile et si fière.

Pendant que j'étais en Égypte, Abbas-Pacha reçut en cadeau de l'Iman de Mascat plusieurs chevaux de prix ; il lui rendit la politesse en lui envoyant deux esclaves blanches, Géorgiennes ou Circassiennes, don singulier, vu l'âge avancé du donataire, et réservé d'ailleurs à un fâcheux destin. Le bâtiment qui les conduisait à Mascat fut capturé dans le détroit de Bab-el-Mandeb par un vaisseau de guerre européen, français ou anglais, je ne sais lequel des deux, qui faisait la chasse aux négriers dans la mer des Indes. Le navire égyptien, ayant à son bord du fruit défendu, fut déclaré de bonne prise, et les deux esclaves affranchies du même coup. J'ignore ce qu'elles sont devenues; mais, d'après la connaissance que j'ai acquise des mœurs de l'Orient, je suis certain que bien loin de bénir la philanthropie de leurs libérateurs, elles l'auront maudite au contraire, préférant à une liberté dont elles n'auront su que faire les faciles et brillantes destinées qu'elles s'étaient promises dans le harem d'un prince souverain.

Les autres esclaves amenés de Massaoua, garçons et filles, n'étaient que des enfants de quatre à sept ou huit ans, sauf une Abyssinienne de treize à quatorze, formée comme une Européenne de vingt-cinq, et qui, après sa quasi-blanche compatriote, était la perle de cet écrin vivant; malgré sa couleur brune, le jellab avait fondé sur elle l'espoir d'un gros bénéfice. La pauvre fille était exposée dans une boutique inoccupée de la rue la plus populeuse; assise sur un siége élevé à trois pieds du sol, et immobile comme une statue, elle attendait les acheteurs dans un profond silence. On avait jeté sur elle, pour la couvrir, une pièce de calicot blanc qui l'enveloppait de la tête aux pieds; mais il n'y avait rien dessous, c'était son unique vêtement; les amateurs plus ou moins sérieux ne se faisaient pas le moindre scrupule de soulever dans tous les sens ce léger voile, afin d'examiner plus à leur aise la marchandise, absolument comme un cheval ou une pièce de bétail. J'avais déjà vu plusieurs fois au Caire des exhibitions semblables, et je me suis demandé souvent ce qu'éprouvent ces infortunées créatures, par quelles alternatives de crainte et d'espérance elles doivent passer à chaque nouveau venu qui les marchande.

Le jellab avait grande envie de faire affaire avec moi; il n'ignorait pas cependant que les Français ne peuvent acquérir d'esclaves que pour les affranchir, et que tout individu de cette espèce acheté par eux est libre par le fait même. Il demandait de la sienne douze bourses, 1500 francs, et s'était même rabattu sur huit pour me tenter. J'eus un instant l'idée de faire une œuvre pie; mais je suivis malheureusement le précepte du diplomate, qui recommandait de se défier du premier mouvement parce qu'il est bon, et je me dis, non sans raison, que si je me mettais à racheter des esclaves, ma bourse de voyage serait bientôt épuisée. Mon compagnon avait eu, de son côté, la même pensée que moi, mais dans un but moins charitable : *Carità pelosa!* comme disent les Italiens. Bon ou mauvais, son projet, comme le mien, resta à l'état de velléité, et la jeune Africaine fut achetée je ne sais par qui. Où est-elle maintenant, et dans quelles mains est-elle tombée ?

Certes l'esclavage est un abus révoltant; il dégrade la nature humaine, engendre et provoque mille excès. Il faut reconnaître cependant que le sort de ces Abyssiniennes n'est pas aussi déplorable qu'il paraît l'être au premier coup d'œil. Destinées au service des harems, elles deviennent de la famille, et leur condition participe beaucoup de celle de leurs maîtresses, recluses elles-mêmes et presque aussi esclaves que leurs esclaves. Le maître abuse-t-il d'elles, ce qui est fréquent, j'en conviens, il s'interdit par là lui-même le droit de les revendre : car un musulman serait déshonoré s'il vendait une femme avec laquelle il aurait vécu, et l'on épouse d'ordinaire, surtout dans les villes d'Arabie, celles dont on a des enfants. Ces mariages ne contribuent pas peu à foncer le teint des Arabes; mais le préjugé du sang mêlé est inconnu dans ces pays. La mère, quelle qu'elle soit, fût-elle une esclave noire des derniers rangs de l'échelle africaine, ne nuit en rien à la noblesse de l'enfant; c'est le père seul qui fait souche, la mère ne compte pas. On sait que le Sultan lui-même, ne reconnaissant et n'ayant point d'égales, n'épousait et peut-être n'épouse encore que des esclaves.

J'ai vu en Égypte, même parmi les Européens, beaucoup de mariages de ce genre; plusieurs Français de ma connaissance n'en ont pas fait d'autres et ne s'en trouvent pas plus mal, sauf pourtant que les Abyssiniennes passent pour dissipatrices, ce qui fait dire qu'elles sont la ruine de la maison. J'en connais de charmantes, qui, la couleur admise, ne seraient déplacées nulle part, et même, quant à la couleur, on s'y habitue si vite, qu'au bout de très-peu de temps je n'y prenais plus garde. Les Abyssiniennes rachètent d'ailleurs ce léger désavantage, si c'en est un, par une peau de velours, des cheveux longs et soyeux, par la pureté des lignes, l'élégance des formes, une régularité de traits digne des plus belles statues grecques, par des yeux magnifiques, des dents admirables, des mains et des pieds petits, en un mot par tous les charmes qui constituent la femme, et je ne m'étonne pas de leur voir inspirer des passions qui survivent même au mariage.

Ma fenêtre était un belvédère d'où je dominais toute la rade : rien n'y entrait ni n'en sortait à mon insu. Outre les barques du pays qui allaient et venaient tous les jours, plusieurs bricks ou trois-mâts de l'Inde, chargés de sucre et de riz, étaient arrivés. Un matin je fus agréablement surpris en voyant le drapeau tricolore flotter sur un bâtiment de guerre arrivé dans la nuit : c'était la corvette à vapeur *le Caïman*, capitaine Cormier, de la station des Indes, et qui poussait une reconnaissance à Djeddah. Elle portait à son bord, outre son équipage ordinaire, une centaine de Madécasses enrôlés temporairement dans leur île pour faire le service à bord, et qui donnaient à ce navire, fort bien tenu d'ailleurs, une physionomie quelque peu sauvage. Des compatriotes réunis par le hasard à Djeddah ont bientôt fait connaissance et sont amis dès la première heure. Je déjeunai à bord plusieurs fois ; le commandant et le médecin déjeunèrent chez moi et il y eut, au consulat de France, un grand dîner officiel dont il m'incomba de faire les honneurs, vu l'état de maladie du consul. Ces menus détails, insignifiants en Europe, prennent un certain intérêt à douze cents lieues de Paris ; la distance transfigure les choses les plus vulgaires. *E longinquo reverentia.* L'amitié fut scellée par un cadeau inappréciable en pareil lieu : les officiers me firent accepter, en partant, douze bouteilles de bordeaux.

Le Caïman était mouillé très-loin de la ville, et cela à la suggestion des autorités locales ; je crois, en vérité, que le pacha avait eu peur d'un coup de main, et que les bas-fonds n'étaient qu'un prétexte. Il n'en visita pas moins en grande pompe le bâtiment ; visite au surplus qui n'était qu'une politesse rendue, le commandant ayant pris et dû prendre l'initiative. Les coups de canon d'usage furent tirés ponctuellement de part et d'autre, et l'on força la dose plutôt qu'on ne la réduisit. La corvette resta toute une semaine, et, le jour de son départ, je l'accompagnai six milles. En revenant à terre avec le pilote indigène qui l'avait sortie des passes, j'eus beaucoup à souffrir de la chaleur qui était suffocante et de la réverbération de la mer, immobile et blafarde, ce jour-là, comme une nappe d'huile. L'aimable commandant voulait absolument m'emmener à Bourbon. La tentation était grande pour un voyageur; mais si j'y avais cédé, je n'aurais pas été loin, car bien peu de temps après *le Caïman* eut le malheur de s'aller perdre sur la côte de Zyla.

Deux puissances européennes, la France et l'Angleterre, ont seules des consuls à Djeddah. Le nôtre était Rochet d'Héricourt, déjà mourant, mort depuis, et dont j'aurai l'occasion de dire quelques mots plus tard. M. Cole, le consul ou vice-consul anglais, est en même temps, comme son collègue de Suez, agent commercial de la Compagnie des Indes. Son poste n'est pas une sinécure, attendu le grand nombre d'Indiens, sujets anglais, établis à Djeddah. On n'en peut dire autant de son collègue de France, qui n'a pas dans tout le Hedjaz un seul national. Il est bon de savoir que la Porte se dispense à l'égard de tous les deux de la formalité de *l'exequatur*, sous prétexte que Djeddah est ville sainte. Notre maison touchait celle de M. Cole; je vivais chez lui autant que chez moi. Je lui avais apporté des lettres d'un ami commun, M. Burton, et fus comblé par lui, pendant tout mon séjour, des procédés les plus aimables.

Nous n'étions pas venus à Djeddah pour Djeddah même, mais avec l'intention de pousser jusqu'à Taïf, une petite ville à cinq jours de marche dans l'intérieur, et célèbre en Arabie par l'abondance de ses eaux, l'excellence de ses fruits, la fraîcheur de ses jardins. Elle est la résidence du Grand-Chérif-Prince de la Mekke, qui s'y est fait construire un palais, et, vu notre qualité de chrétiens, nous ne pouvions entreprendre ce voyage sans son autorisation; M. Cole la lui avait fait demander par l'intermédiaire de Mustapha-Effendi, le vekhil du prince à Djeddah. La réponse ne s'était pas fait attendre : le Grand-Chérif nous avait fait dire qu'il recevrait notre visite avec plaisir et que nous n'avions à nous occuper ni de l'aller ni du retour : il nous enverrait ses dromadaires et ses propres gens pour nous conduire à Taïf et nous ramener à Djeddah. Cette réponse aimable arriva le 17 février, et quelque promptitude, quelque empressement que mît le Grand-Chérif à exécuter sa promesse, j'avais devant moi une semaine d'attente; or, cette semaine il fallait la remplir; mais comment? Je n'avais plus rien à voir à Djeddah. « *Faites votre keff*, me disaient les indigènes. — D'accord, leur répondais-je, mais un keff de huit jours est-il possible? » Vous allez me demander ce que c'est que faire son keff. Je vais vous le dire.

Lorsqu'un Arabe a terminé ses affaires, quelles qu'elles soient, et que sa journée est finie, il se retire dans son harem, quitte son costume de ville, s'habille à la légère, prend sa pipe, s'établit les jambes en croix sur son divan, et là se plonge insensiblement, tout en fumant, dans une somnolence physique et morale qui participe du sommeil et de la veille, sans être ni l'un ni l'autre. Personne au monde, sa femme elle-même ou sa plus chère esclave, n'oserait le troubler dans ce moment solennel. Cet état mixte, intermédiaire entre l'être et le non-être, indéfinissable, incompréhensible pour un Européen, n'est que la réalisation et comme la mise en pratique de cette maxime orientale, qu'il vaut mieux être assis que debout, couché qu'assis, endormi que couché, et mort qu'endormi. Pourtant ce n'est pas la mort : on ne pense pas, on ne sent pas, on ne rêve pas, on ne vit pas, mais on respire, on existe à la manière des plantes, ce qui, pour un Arabe, est le souverain bien et l'avant-goût de la béatitude éternelle. Voilà ce qu'on appelle faire son keff. Les Turcs, surtout ceux des hautes classes, ont matérialisé et corrompu cette ineffable volupté de corps et d'esprit en y adjoignant l'eau-de-vie : ils en boivent grossièrement jusqu'à ce qu'ivresse s'ensuive, et le lourd sommeil de l'abrutissement est le couronnement inévitable de ce keff indigne de son nom. On comprend, d'après cela, qu'avec la meilleure volonté du monde, il soit impossible de faire son keff pendant toute une semaine. Or, ayant épuisé Djeddah, rien n'y éveillait plus ma curiosité ; les choses donc me faisant défaut, je me rabattis sur les hommes, et voici quelques-uns de ceux que je fréquentai afin de tuer le temps jusqu'à mon départ pour Taïf.

VII

Galerie vivante.

A tout seigneur tout honneur. Je commence par le gouverneur.

La Porte envoyait autrefois dans les Villes Saintes, dont Djeddah fait partie, un pacha à trois queues, en considération de leur sainteté. Depuis que cette distinction a été abolie, au grand regret des amateurs du pittoresque, le pachalik du berceau de l'islamisme n'en est pas moins resté le premier de l'empire, et le dignitaire qui l'occupe ne cède le pas qu'au grand vizir. Son traitement annuel est de douze cent mille piastres, qu'il double ou triple d'ordinaire, quand il ne le décuple pas, par les procédés usités en Turquie et ailleurs. Il semblerait naturel qu'il résidât à la Mekke; mais il ne fait à cette métropole du mahométisme que de rares visites, de plus rares encore à Médine, et il habite en tout temps Djeddah, par la raison que cette ville est le siége de la Douane turque, principale et presque unique source du revenu public du Hedjaz; or, comme en vertu du principe de l'abbé Terray on ne peut prendre qu'où il y a, c'est là que les pachas puisent à pleines mains. Là où est le trésor d'un Turc, là aussi est son cœur et sa personne.

J'avais fait au pacha ma visite dès le lendemain de mon arrivée, non sans m'être fait annoncer plusieurs heures d'avance, comme cela se pratique entre gens qui ont droit et s'attendent à des égards. La réception avait été des plus courtoises : appareil militaire à la porte, déploiement d'esclaves et de domestiques dans l'escalier et dans l'antichambre, pipe, café, sorbets, thé, sucreries, le tout commandé à haute voix, ce qui est la suprême politesse en Orient, afin que chacun puisse entendre les honneurs qu'on rend au visiteur, rien n'avait manqué à la cérémonie. Le pacha était même venu à ma rencontre jusqu'à la porte du salon et m'avait introduit dans un cabinet donnant sur la mer et abondamment garni de tapis, de divans, de coussins, en un mot de tous les conforts du pays. Le consul de France, alité et trop malade pour m'accompagner, s'était fait représenter officiellement par le drogman-chancelier du consulat, M. Dequié, qui voulut bien me servir d'interprète, et me rendit ce service avec autant d'intelligence que d'obligeance.

Achmet-Izzet-Pacha, c'était le nom du gouverneur, est un homme vif, assez cultivé pour un Turc, même poëte, et il affichait volontiers ses connaissances. La conversation s'engagea naturellement sur la guerre alors déjà commencée, et il fit apporter des cartes de géographie turques pour y suivre les indications qu'il me demandait. Je le fis causer à mon tour, ce qui m'intéressait davantage, sur le pays gouverné par lui, et c'est de sa bouche que je tiens les renseignements rapportés plus haut sur la ville détruite du prophète Salih. Il m'en donna d'autres un peu suspects à mes yeux : ainsi, par exemple, il portait à cent mille âmes la population de la Mekke, qui n'en a pas la moitié, et à vingt mille le nombre des habitants de cette ville pensionnés par Constantinople. J'appris également de lui qu'une des veuves du roi de Lahore Runjet-Singh s'y est retirée après la mort de son époux et y vit d'une pension de la Compagnie des Indes, dans la pratique de toutes les vertus musulmanes.

Je voudrais bien ici raconter une anecdote arrivée à Djeddah l'été précédent et qui jette une lumière effrayante sur la corruption des mœurs parmi les dames de l'Orient ; mais elle exige quelques précautions oratoires et n'est pas facile à raconter. Je vais essayer de le faire d'une manière convenable, sinon tout à fait compréhensible. A bon entendeur salut ! Le pèlerinage de la Mekke est fort déchu. Les gens pauvres ou de condition médiocre s'acquittent encore en assez grand nombre de ce pieux devoir ; mais soit tiédeur, soit gêne ou parcimonie, les riches s'en affranchissent volontiers, et l'on ne voit plus venir d'aucun point de l'Islam ces grands seigneurs d'autrefois, qui déployaient dans cette circonstance solennelle une magnificence, un faste tombés à l'état de souvenir, et relégués pour toujours parmi les merveilles des *Mille et une Nuits.* Le dernier pèlerinage avait cependant amené, du fond de la Perse, une fort grande dame, veuve, à ce que je crois, et qui, sans étaler un luxe hors de mode en Perse aussi bien qu'à Constantinople et dans le reste de l'Orient musulman, n'en voyageait pas moins avec une suite encore respectable. Un eunuque noir attaché spécialement à sa personne remplissait auprès d'elle les fonctions d'intendant, de factotum. L'illustre pèlerine était venue par l'Égypte, où le consul général de la Grande-Bretagne lui avait donné, je ne sais à quel propos, une lettre de recommandation pour M. Cole, lequel m'a confirmé tous les détails de cette étrange aventure.

A son arrivée à Djeddah, la Douane s'était abattue sur ses bagages comme sur une proie, avec cette rapacité particulière au fisc de tous les pays. Tout fut visité sans difficulté, sauf une caisse que l'eunuque intendant refusa positivement d'ouvrir par l'ordre exprès de sa maîtresse. Là-dessus longs pourparlers. Plus la défense était opiniâtre, plus de son côté la Douane insistait, et ses soupçons croissaient en raison de la résistance. Poussée à bout, la dame finit par déclarer que, si l'on visitait malgré elle cette caisse objet d'un si violent débat, elle ne la retirerait point, et qu'elle en déclinerait la propriété. Ses protestations restèrent sans effet, et, nonobstant une opposition si acharnée, la caisse fut ouverte. Or, que trouva-t-on dans cette caisse mystérieuse? Si vous êtes curieux de le savoir, allez le demander à l'auteur du *Satyricon*. Vous pouvez aussi le demander à la Douane de Perpignan, où une aventure semblable arriva naguère à une grande dame de ce temps-ci.

Le premier personnage officiel dont, après le pacha, je fis la connaissance, mais seulement à titre de curiosité, fut Kurde-Osman-Aga, ainsi nommé de son pays et de son emploi; né dans le Kurdistan, il était sandjiak [1] ou commandant de la cavalerie irrégulière campée, au nombre de mille à douze cents hommes, à quelques lieues sur la route de la Mekke, et toujours prête à se mutiner parce qu'elle n'était pas payée. Il y avait eu déjà de graves désordres, et l'on s'attendait à une révolte générale si l'argent n'arrivait pas promptement de Constantinople. Ces reîtres de l'Orient, appelés bachibouzouks, ce qui veut dire en turc *tête brisée*, sont le fléau des pays où la Porte les envoie en garnison : ils prennent tout dans les bazars sans payer, et maltraitent les marchands qui réclament; la vie

---

1. *Sandjiak* signifie, en turc, *étendard*, et s'applique par extension au commandant lui-même.

d'un homme n'a pas plus de prix à leurs yeux que la vie d'un chien, et en a beaucoup moins que celle de leurs chevaux. Un de ces malandrins rencontre une femme qui n'était pas voilée; il tire son pistolet, l'ajuste et lui brûle froidement la cervelle devant tout le monde; après quoi, il remet tranquillement l'arme dans sa ceinture et passe son chemin en se frisant la moustache, sans que personne songe à lui barrer le passage ou seulement à le regarder de mauvais œil. Qu'on se figure le sort des populations que la guerre met à la merci d'une soldatesque sans foi ni loi comme celle-là.

Tels soldats, tel commandant. Kurde-Osman-Aga était le digne chef de cette milice effrénée : haut de six pieds et taillé en hercule, vous l'auriez pris pour un pourfendeur de montagnes ; et pourtant ce colosse passait pour un poltron. Lors du récent tumulte dont son camp avait été le théâtre, il n'avait rien fait pour rétablir la discipline, et, dans l'attente de troubles encore plus sérieux, il se préparait ouvertement, non à faire tête à l'orage, mais à se sauver en Égypte, où il avait déjà fait passer sa famille et son argent. Dans le pillage de je ne sais quelle ville, et n'étant encore que simple soldat, il avait mis la main sur des perles qu'il vendit 20000 piastres; avec cette somme, il acheta des chevaux, et ce fut le commencement de sa fortune. Son traitement n'était que de 7500 piastres par mois; mais il avait le talent de l'élever à 20 000, et, grâce à une aptitude financière qui compense avantageusement pour lui son incapacité militaire, il s'est constitué, par des moyens plus ou moins licites, et quoiqu'il soit jeune encore, un capital de 200 000 talaris, soit un million.

Il est grand causeur et affiche la prétention de connaître à fond son pays natal. Il estime à 170 000 le nombre des cavaliers répandus dans le Kurdistan, et me parlait avec enthousiasme de sept mines d'or à lui connues dans ses montagnes. Il n'exaltait pas moins, car les Turcs sont tous très-préoccupés de leur santé, une source dont la propriété serait de faire digérer instantanément. Il prétend ne pas connaître moins bien l'Arabie; je n'en ai cependant pas tiré grand'chose. Il se livra tout d'abord à une dissertation si verbeuse, si confuse sur les routes et les circonscriptions du désert arabique, que mon interprète ni moi n'y comprîmes absolument rien. Voici quelques renseignements plus précis, quoique probablement d'une authenticité douteuse. A huit ou dix journées de Djeddah, vers l'est, dans un lieu nommé Dafinah, se trouve une vaste pierre antique, couverte de figures sculptées, dont l'origine est inconnue. A quelques journées plus loin, dans la même direction, s'élève une montagne circulaire et entièrement isolée, dont le nom est Marran, et du pied de laquelle jaillissent soixante-quinze fontaines.

Osman parlait aussi d'une autre source dont l'eau a la propriété de se pétrifier aussitôt qu'elle entre en contact avec l'air. Je donne ces informations pour ce qu'elles valent et les livre à la critique encore plus qu'à la curiosité du lecteur. L'intérieur de l'Arabie est si peu connu et ces peuples sont si étrangers à toutes notions géographiques, qu'il faut tout écouter, tout recueillir, sauf à dégager ensuite de cet alliage quelques parcelles de vérité.

Osman-Aga n'habitait point le camp; il occupait, dans le centre de la ville, une maison toujours pleine d'officiers arnautes ou kurdes, revêtus de leur costume primitif : vestes rouges brodées en soie, caleçons bouffants noués au genou, large ceinture armée de poignards et de pistolets; tout cela formait un tableau animé et très-pittoresque. Les troupes irrégulières sont dispensées de l'uniforme imposé par le sultan Mahmoud à l'armée turque, et qui n'est, sauf le tarbousch, que la contrefaçon de l'habit occidental; tous les fonctionnaires, militaires ou civils, sont tenus de s'y conformer. On a peine à reconnaître les vieux Ottomans classiques, et surtout les pachas, sous l'affreuse calotte rouge, l'étroit pantalon et la redingote étriquée qui composent maintenant la tenue officielle. Travestis en Européens, comme on se déguisait en Turc dans notre enfance, ils ont perdu 90 p. 100 à cette métamorphose. L'ampleur et la majesté de l'ancien costume les faisaient paraître à leur avantage; ils participaient de sa noblesse et de sa beauté; dépouillés de cette décoration d'emprunt, et réduits à leur personne intrinsèque, ils ne paraissent plus aujourd'hui que ce qu'ils sont réellement, assez laids en général, obèses avant l'âge, non moins abâtardis au physique qu'au moral. L'adage : fort comme un Turc, n'est plus vrai.

Depuis la guerre des Wahabites, le pacha d'Égypte a conservé dans le Hedjaz des intérêts considérables, et il envoie à Djeddah, pour les surveiller, un chargé d'affaires qui alors était Emin-Bey, un ancien colonel d'artillerie, homme habile, poli, au fait de beaucoup de choses, et dont le commerce me fut utile autant qu'agréable. Nommé par Méhémet-Ali, il avait été maintenu à son poste par Abbas, cela bien malgré lui, car le climat de Djeddah avait ruiné sa santé et il sollicitait son rappel au Caire avec instance.

J'appris de lui que la Porte est si loin de retirer de ses possessions d'Arabie le moindre bénéfice, qu'elle y engloutit, au contraire, chaque année, une portion notable, vingt-neuf ou trente mille bourses, du tribut payé par l'Égypte à Constantinople ; Emin-Bey était parfaitement renseigné à cet égard, attendu que cet argent lui passait par les mains. A l'en croire, Abbas-Pacha avait un parti à la Mekke. J'ignore si le fait est positif; mais je sais d'autre part, et de source certaine, que, par suite de la politique qui lui faisait ménager les Bédouins du Sinaï et des frontières syriennes, Abbas avait un violent désir d'obtenir pour son fils, marié ou du moins fiancé à une fille du Sultan, le pachalik des Villes Saintes, afin de fortifier par là et d'étendre sa propre influence sur les Arabes. Sa mort est venue couper brusquement le fil de toutes ces intrigues.

Emin-Bey était très-hostile à l'ancien gouvernement des chérifs, auquel il reprochait un système odieux d'exactions et de vexations de toute espèce, reproche étrange dans la bouche d'un serviteur d'Abbas-Pacha. Il me dit beaucoup de mal du Grand-Chérif en fonction, l'accusant d'être avare autant qu'avide, peu sûr et rusé jusqu'à l'astuce. Mais ce jugement m'était suspect par plusieurs motifs : créature de Méhémet-Ali qui a détruit le gouvernement des chérifs, et Turc lui-même d'origine, Emin-Bey était naturellement imbu des opinions de son ancien maître et partageait les préventions de ses compatriotes contre la race indigène. Il existe de Turc à Arabe et d'Arabe à Turc une antipathie invincible, une irréconciliable inimitié. L'expression proverbiale : En user de Turc à Maure, est plus vraie que jamais, Maure étant synonyme d'Arabe. En leur qualité de conquérants, les Osmanlis traitent le peuple conquis avec un orgueil, un despotisme intolérables. Les Arabes, de leur côté, race indépendante et fière, professent pour ces maîtres étrangers une haine qui ne le cède qu'au mépris; révoltés de leur ignorance, ils se moquent de la manière imparfaite dont ils parlent la langue arabe, leur reprochant de ne pouvoir lire le Koran dans le texte, et de ne savoir même pas dire correctement leurs prières. Leur perfidie surtout les indigne; ils ne les désignent que sous le nom de *khaïn*, traîtres, et, à ce propos, ils tournent en dérision le titre de Khan porté par le Grand-Seigneur, mot qui veut dire en arabe *il a trahi*. Voici l'histoire qu'ils racontent à ce sujet. Un sultan ayant violé sa foi à l'égard d'un Arabe, celui-ci le traita de sultan khan, sultan qui a trahi. Or, l'Osmanli prit, dans son ignorance, cette insulte pour un titre d'honneur et, l'ajoutant à ceux qu'il portait déjà, le légua à ses descendants. Le nom de Turc est un outrage jusque dans la bouche des enfants; ils se le donnent entre eux pour s'injurier, et l'appliquent même aux chiens, absolument comme en Europe, où beaucoup de ces animaux s'appellent Turc.

On comprend, d'après cela, que le pacha et le Grand-Chérif fissent mauvais ménage, et, en effet, il régnait entre eux une mésintelligence ouverte. Indépendamment des antipathies naturelles et politiques, les attributions respectives de ces deux dignitaires sont si mal définies qu'il en résulte des conflits perpétuels. Ils partaient de là pour se jouer toutes sortes de tours et pour se rendre tous les mauvais offices imaginables, jusqu'à se faire voler mutuellement leurs dépêches, voire même tuer leurs courriers. Cette hostilité publique me plaçait dans une position délicate. Sachant que mon intention, en venant à Djeddah, était de pousser jusqu'à Taïf, siége de l'administration du chérif et centre de son autorité, le pacha se trouvait dans une grande perplexité : qu'il protégeât ou non mon voyage, il craignait de se compromettre. Il m'avait pourtant offert, mais du bout des lèvres, une escorte pour m'accompagner. Osman-Aga, dont l'animosité contre le Grand-Chérif était encore plus violente, avait, de son côté, mis à ma disposition ses cavaliers. Une telle façon de voyager ne pouvait me convenir; je n'entendais pas me présenter au Grand-Chérif en visiteur protégé, imposé par ses ennemis, mais en voyageur libre et tout à fait indépendant. Je ne voulais pas davantage voir le peuple et la nature arabes à travers les Turcs, encore moins à travers des Bachi-Bouzouks. J'avais donc décliné les offres qui m'étaient faites avec plus ou moins de sincérité, et pris le seul parti raisonnable en m'adressant directement au chérif. Le pacha fut très-blessé de cette préférence, qui cependant le tirait d'embarras et le déchargeait de toute responsabilité. Il se donna bien garde, en véritable

Turc qu'il était, de m'en laisser rien paraître ; d'autant moins qu'il était alors sous le coup de préoccupations bien autrement graves : le bruit de sa destitution courait à Djeddah, et j'avais appris de bonne source que le fait était vrai.

Le Divan d'Emin-Bey était près de la mer, séparé de celui du gouverneur par une grande place chaude et poudreuse où campait en ce moment une sorte de corps franc dont voici l'origine. Il y avait à Djeddah un marchand indien, natif de Caboul ; enflammé, dès le début de la dernière guerre, par le désir d'y jouer un rôle, il avait, dans ce but, réalisé toute sa fortune, et, jetant aux orties sa défroque mercantile, passant bravement du culte de Mercure à celui de Mars, s'était mis à enrôler à ses frais tous ceux de ses compatriotes, mendiants ou autres, qui avaient bien voulu se laisser embaucher. D'autres conscrits de bonne volonté s'étaient joints à ces premières recrues, et Achmet-Bey, c'était le nom de ce condottiere d'une nouvelle espèce, avait déjà réuni sous sa bannière deux mille hommes, équipés Dieu sait comment, et n'attendant pour partir que les barques destinées à les transporter par l'Égypte sur le théâtre de la guerre. Ce capitaine d'aventure demeurait près de chez moi ; j'allai le voir par curiosité, et lui trouvai l'air assez martial pour un marchand défroqué ; il portait un burnous rouge et sa ceinture était garnie d'un arsenal complet, yatagan, sabre, pistolets et tout ce qui s'ensuit. Un tas de gens sans aveu, la plupart en guenilles, composaient son état-major, et sa maison retentissait tout le jour et toute la nuit de fantasias militaires à grand renfort de coups de fusil.

Il n'y a point de chrétiens à Djeddah, à l'exception des frères Sawa, Grecs de l'Archipel, placés individuellement sous la protection du consul de France, tandis que la raison sociale est sous celle du consul anglais, combinaison ingénieuse qui leur assure le bénéfice de deux nationalités et le patronage des deux grandes puissances maritimes de l'Occident. Cette maison fait des affaires avec le Soudan, où elle a des représentants jusque sur les frontières de l'Abyssinie. Je voyais quelquefois ces négociants, dont le père, un vieillard, un patriarche de Lemnos, regrettait tellement son île natale qu'il était au moment d'y retourner. Ces messieurs possèdent pour leur usage et pour celui des visiteurs une riche collection de pipes persanes, les seules en usage à Djeddah. Je dirai, pour les amateurs, qu'il en existe plusieurs variétés, et que chacune a son nom particulier : la plus grande et aussi la plus belle est le *kédra*, qui repose sur un trépied; elle est en argent massif artistement ciselé et pourvue d'un long tuyau flexible appelé *leiéh*. Les gens raffinés y fument du tabac de Chiraz. La seconde espèce est le *chiché*, à peu près semblable au kédra, sauf qu'il est plus petit. La dernière variété du genre et la plus commune n'est qu'une noix de coco, remplie d'eau comme les deux autres et qui n'a pour tuyau qu'un roseau fixe. Son nom vulgaire est *beury*. On fume généralement dans ces trois pipes du tabac très-fort appelé tombak et qu'on tire de Bagdad ou de Bassorah.

Les messieurs Sawa se montrèrent obligeants et faciles pour des marchands : ils me fournirent à cinq pour cent d'escompte tout l'argent dont j'avais besoin, moyennant une traite, à trois mois, tirée sur M. Husson du Caire, dont tous les voyageurs ont éprouvé les bons offices, et qui a fait l'an passé une si triste fin.

Le commerce de Djeddah est presque entièrement dans les mains des Hadramauts, population fanatique mais industrieuse de l'Yémen, aux environs d'Aden, et surtout dans celles des Indiens. Les fortunes de trois et de quatre millions de francs ne sont pas rares parmi ces derniers : le plus riche du moment était Farraj Iousef, propriétaire d'une dizaine de navires d'un tonnage important. Cet Indien était presque noir, d'une fort belle taille, et doué d'une physionomie à la fois douce et fine extrêmement agréable. Son fils, un très-beau jeune homme du nom d'Abd-el-Kader, et aussi noir que son père, se tenait debout devant lui dans l'attitude du respect et n'eût osé s'asseoir sans sa permission. Ils portaient tous deux des turbans de mousseline blanche et de grandes robes en soie de leur pays. On me servit dans cette maison du *keschré*, café fait avec l'écorce du grain et relevé de cannelle et de clous de girofle. C'est un usage de l'Yémen et un fort mauvais breuvage. Je n'en vins pas à bout et ne pus pas non plus fumer le tombak du chiché qu'on m'avait présenté, tant il était fort et prenait à la gorge. Remarquons en passant que les Indiens sont très-cérémonieux.

Pour clore cette galerie de portraits déjà trop longue, je mentionnerai encore, mais seulement pour mémoire, le capitaine du port, avec lequel je n'eus que des relations légères; le chef de la police, Abdallah-Aga, avec lequel je n'en voulus pas avoir malgré les avances dont il m'honora, et enfin Ata-Bey, un jeune médecin militaire de Constantinople, parlant bien français, et si bon musulman, qu'au premier cri du muezzin il me quittait brusquement, fût-ce au milieu d'une phrase, pour aller faire, dans une pièce voisine, ses ablutions et ses prières.

Les divers personnages que je viens de mettre en scène étaient des Turcs, des Indiens, des Grecs, tous étrangers au pays; or c'était des Arabes que je venais chercher en Arabie. Je n'en connus un peu intimement qu'un seul à Djeddah, mais un Arabe pur sang, un digne représentant et le type parfait de sa race tout entière. J'ai nommé Khaled-Bey, fils d'Abdallah-Ibn-Saoud, le dernier chef des Wahabites. Conduit très-jeune en Égypte après la mort de son père et la ruine de sa famille, il fut élevé au Caire sous les auspices et sous les yeux de Méhémet-Ali. Revenu plus tard en Arabie, il vivait alors à Djeddah d'une pension de la Porte, étranger à toutes les affaires et condamné à une complète inaction. Je le fréquentais volontiers et rencontrais toujours chez lui des cheiks arabes qui venaient des tribus voisines, notamment des Haouari, si j'ai bonne mémoire, révérer en lui le fils et le petit-fils des deux plus grands chefs de l'Arabie moderne. Son histoire m'avait touché, et sa personne me plaisait : aimable, hospitalier, noble à la fois et gracieux, on sentait dans ses paroles, dans ses manières, la réserve d'un cœur haut placé, et je ne sais quelle mélancolie douce et fière répandue dans toute sa personne ne permettait d'oublier ni son infortune ni son origine.

Quoiqu'il ait été élevé chez l'étranger et qu'il ait mangé les oignons d'Égypte, il n'en a pas moins des intelligences parmi ses coreligionnaires, et, dans l'état d'incertitude où se trouve aujourd'hui l'Orient, l'avenir lui réserve peut-être des réparations et d'illustres destinées. Sa position lui commande la prudence et l'oblige à une extrême circonspection dans toutes ses démarches. Je craignais même de le compromettre en le voyant trop souvent; car, en raison des circonstances du moment, les autorités turques prêtaient à mon voyage un but et une portée politiques qu'il était loin d'avoir. Je désirais pourtant beaucoup le faire causer un peu longuement sur les Wahabites, sur sa famille et sur lui-même ; ne l'osant, par égard pour lui, ni chez moi, où je n'étais pas seul, ni chez lui, où l'on pouvait nous épier, je lui proposai de nous réunir dans une maison tierce, celle de M. Dequié, où nous ne serions ni entendus ni dérangés. Il y consentit, et l'entretien dura toute la journée. Le vrai caractère des Wahabites et le rôle qu'ils ont joué en Arabie étant généralement peu connus, je vais résumer en quelques pages les informations puisées à une source si authentique et si honorable, en les complétant par des renseignements non moins sûrs. Je commencerai, pour l'intelligence de ce qui doit suivre, par quelques informations sur les chérifs, dont généralement en Europe on ne se fait pas une idée exacte, et dont l'histoire contemporaine se lie étroitement à celle des Wahabites.

VIII

Les chérifs et les Wahabites.

Les chérifs constituent la seule aristocratie de sang qui existe dans les pays musulmans : ils tirent leur origine de Hassan et Hosseïn, les deux fils de Fatma ou Fatime, la fille unique de Mahomet. Il y a dans toute l'étendue de l'Islam, et jusqu'au fond du Maroc, un nombre immense de chérifs qui prétendent tous à la même origine; mais ceux du Hedjaz et de la Mekke en particulier se regardent et sont regardés comme les véritables descendants du Prophète; leur filiation est la plus authentique et la mieux prouvée. L'Orient n'ayant pas d'état civil, les archives de famille en tiennent lieu, et les généalogies y sont conservées avec beaucoup de soin; aussi les chérifs indigènes établissent-ils la leur sur des titres positifs. Divisés en plusieurs tribus où nulle alliance étrangère n'est soufferte, et répandus dans diverses parties de l'Arabie, ils se reconnaissent pour parents et se traitent comme tels dans toutes les occasions. Beaucoup sont très-pauvres et vivent des pensions que leur fait la Porte; mais ils n'en sont pas moins fiers du sang qui coule en eux, et s'estiment, tout misérables qu'ils sont, bien au-dessus des plus grands pachas turcs.

Les chérifs de la Mekke forment deux classes principales : ceux qui s'adonnent aux lettres, aux lois, au culte, même au commerce, et ceux qui se livrent à la carrière des armes et des affaires publiques. Les premiers sont appelés *sejid* ou *seïd;* les autres sont les chérifs proprement dits. Les fils suivent ordinairement la condition de leur père, et j'ajoute ici, comme une particularité singulière, que les filles des grands-chérifs régnants étaient vouées au célibat. Les chérifs gouvernaient autrefois le pays à l'exclusion des autres classes, et leur existence politique a subi de grandes vicissitudes. Ils jouaient à la Mekke le même rôle à peu près que les Mameloucks en Égypte : maîtres de tous les emplois civils et militaires, ils se considéraient comme ayant seuls des droits au pouvoir et se le disputaient entre eux souvent par les armes, entraînant dans leurs querelles la population tout entière et les Bédouins du voisinage. La neutralité n'était pas permise. Il fallait, bon gré mal gré, prendre parti pour l'une des maisons rivales et payer de sa personne dans des dissensions intestines toujours renaissantes. Le sang coulait souvent, et les vaincus émigraient jusqu'à ce qu'une nouvelle péripétie changeât la face de leurs affaires et les ramenât sur le théâtre politique.

Il existait et il existe encore, parmi les chérifs établis dans la ville du Prophète, un usage dont j'ai dit un mot plus haut et qui mérite d'être rappelé. Huit jours après leur naissance, tous les enfants mâles, même ceux du chérif régnant, sont enlevés à leur mère, à la mollesse du harem, et confiés à quelque tribu du désert renommée pour sa valeur, afin d'être élevés par elle et comme elle ; ils ne rentrent dans leur famille que vers dix ou douze ans, souvent plus tard, et ne paraissent pour la première fois en public qu'à cheval, à côté de leur père, comme des hommes, non plus comme des enfants. Il résulte de cette éducation virile et patriarcale que les chérifs étaient et sont encore réellement très-supérieurs en force, en courage, en droiture de cœur et d'esprit, au reste des habitants. Ils témoignent toute leur vie beaucoup d'affection et de respect à leur famille adoptive, donnent à ses divers membres les noms de père, de mère, de frère, et sont payés de retour. Ils les préfèrent souvent à leurs véritables parents, qu'ils ne connaissent pas, n'ont jamais vus, et ne s'acclimatent qu'avec peine dans la cité; ils s'en échappent quelquefois pour regagner la tente qui les a nourris, et plusieurs épousent des femmes du désert. Cet usage, très-ancien en Arabie, est antérieur à Mahomet, qui fut, dit-on, élevé de cette manière dans la tribu des Beni-Sad. Il a l'avantage d'initier les chérifs, dès leur enfance, au langage et aux habitudes des Bédouins; ils se créent ainsi parmi eux des relations qui se perpétuent dans les familles, et qui autrefois assuraient aux différents partis de la Mekke des auxiliaires braves et dévoués.

Quelques-unes des tribus chérifales s'étaient avec le temps élevées au-dessus des autres par leurs richesses, leur nombre et leur clientèle du désert. La plus puissante fut longtemps celle des Kataïdé, à laquelle appartenait la famille Barakat, célèbre dans les fastes du pays pour avoir donné, pendant plusieurs siècles, des émirs ou princes à la Mekke. Cette dignité, sans être héréditaire, résidait dans une seule famille ; le chérif régnant avait toujours et doit encore avoir pour successeur, sinon son fils, du moins un de ses proches parents, celui dont le parti est le plus fort et que la voix publique désigne entre tous les autres. Une fois maître du pouvoir, le nouvel émir, quel qu'il fût, était invariablement confirmé par le Sultan, et recevait de lui, chaque année, à titre d'investiture, une pelisse apportée de Constantinople par le kaftandji bachi. Cette formalité et le nom du Grand-Seigneur introduit dans les prières publiques avaient fini par être les seuls droits de souveraineté de la Porte sur la Mekke et ses dépendances, Taïf, Yambo et quelques autres villes du Hedjaz. Il y avait bien, comme à présent, un pacha turc à Djeddah ; mais son autorité était purement nominale, et le père de l'avant-dernier grand-chérif s'était approprié jusqu'aux revenus de la Douane, établie dans cette ville au nom et pour le compte du Sultan. Il en avait été de même du cadi envoyé chaque année de Constantinople pour rendre la justice, et dont l'emploi n'était plus qu'une sinécure, toutes les affaires étant portées devant le chérif.

Le gouvernement chérifal participe dans ses

formes de la simplicité des mœurs du désert. Même en ses plus beaux jours, nulle cérémonie publique ne signalait l'avénement du nouveau prince : il recevait seulement, en manière de reconnaissance, la visite des grandes familles, qui souvent l'avaient combattu ; des musiciens jouaient devant sa porte, comme cela se pratique au pays des Nègres, et l'on priait pour lui dans les mosquées. De ce moment on l'appelait Altesse, *S'adetkom*, titre qu'il a conservé et qu'on donne aussi à tous les pachas ; quand il sortait à cheval, un officier portait un parasol à côté de lui ; son costume ne le distinguait en rien des autres chefs de famille. Sa cour était dénuée de toute espèce de pompe, et aucune ligne de démarcation ne le séparait du peuple. Le dernier Bédouin entrait et entre encore dans son palais comme dans la tente d'un simple cheik, et l'entretient de ses affaires avec cette liberté, cette aisance particulières aux habitants du désert. Le grand-chérif-émir de la Mekke n'est, à proprement parler, qu'un cheik plus puissant que les autres ; son autorité, quoique plus étendue que la leur, a le même caractère, repose sur les mêmes fondements et procède des mêmes principes. Il ne s'en regarde pas moins comme supérieur au Sultan lui-même, mais ce n'est pas comme prince, c'est comme chérif, c'est-à-dire comme descendant direct du Prophète. Pourtant son pouvoir n'a rien de théocratique, comme on le croit communément en Europe; il est purement temporel, expire à la porte de la mosquée, et n'a aucune action en matière de foi ni de culte.

Cette forme de gouvernement n'est fondée, bien entendu, sur aucune constitution; elle a une base plus solide : émanée du peuple et comme du sol, elle est nationale et parfaitement adaptée aux opinions, aux mœurs du pays; aussi a-t-elle duré des siècles. Elle a donné certainement naissance à bien des brigues, à bien des abus; quel gouvernement en est exempt? Les familles rivales de la famille régnante ne laissaient pas toujours arriver sans conteste au pouvoir le nouvel émir; ses propres parents s'unissaient même parfois avec elles, et tous ensemble lui faisaient, après son avénement, une opposition proportionnée à leur puissance. Mais le plus souvent les vaincus se contentaient de vivre à l'écart, où ils boudaient tout à leur aise sans être l'objet d'aucune persécution. Ces guerres civiles se faisaient de part et d'autre, comme toutes les guerres du désert, avec autant d'humanité que de loyauté, et la victoire n'était suivie d'aucunes vengeances. Les mœurs des Arabes sont très-douces, et leur générosité naturelle éclate dans toutes leurs actions publiques et privées. On peut supposer que les chérifs en faveur et revêtus des emplois n'ont pas fait toujours de leur crédit le meilleur usage, et que les influences personnelles jouaient un rôle important dans les affaires ; mais, sous ce rapport, les choses ne se passaient pas plus mal que dans les monarchies européennes de la même époque, sans parler des autres.

Au XVIIIe siècle, la famille Barakat, ayant perdu de son importance, se vit contrainte, après de longues luttes, à résigner son droit de souveraineté qui passa dans celle des Zeïd, d'où elle n'est plus sortie. Les Barakat se retirèrent les uns dans l'Yemen, les autres dans diverses vallées du Hedjaz. Mesa'ad, l'aïeul du dernier grand-chérif, et le premier ou l'un des premiers émirs de la nouvelle dynastie, régna vingt ans, de 1750 à 1770, et eut constamment à lutter contre la turbulence des chérifs dont les troubles précédents avaient exalté l'humeur factieuse. Il fut rarement heureux contre eux et, à sa mort, le pouvoir tomba aux mains de Husseïn, qui, bien que son parent, s'était montré, en toute circonstance, son antagoniste le plus acharné. Husseïn fut tué dans une guerre contre un fils de Mesa'ad, nommé Serour, qui lui succéda en 1773.

Serour fut le Louis XI ou le Richelieu du Hedjaz : il abattit l'orgueil des grands, quelquefois leurs têtes, et les fit rentrer sous le niveau commun. Enhardis par l'impunité assurée à leurs révoltes, à leurs violences, par la faiblesse de plusieurs princes, les chérifs s'étaient mis au-dessus des lois, et leur audace ne connaissait plus de bornes. Créant à leur profit des nouveautés fiscales sans précédents à la Mekke, ils s'étaient arrogé des prérogatives fort lourdes pour les habitants; de plus ils leur extorquaient des présents considérables, ainsi qu'aux pèlerins étrangers, et ne se faisaient aucun scrupule de détrousser les caravanes, absolument comme nos barons du moyen âge rançonnaient les marchands et les voyageurs. Ils entretenaient comme eux dans leurs maisons, converties en forteresses, des garnisons composées en grande partie d'esclaves noirs armés jusqu'aux dents, et renforcées par les Bédouins dévoués à leurs familles. Serour porta la hache à des abus si criants et non moins contraires à la justice qu'à l'égalité. Les chérifs résistèrent par la force, mais succombèrent cette fois dans la lutte : beaucoup périrent par les armes, d'autres par la main du bourreau ; le reste s'expatria, et l'ordre, la tranquillité, rentrèrent dans la ville après qu'ils en furent sortis.

Serour avait réussi dans sa laborieuse entreprise, grâce à l'énergie de son caractère et à l'appui des masses longtemps opprimées par cette féodalité sans frein. Il jouit jusqu'à la fin de sa vie d'une popularité qu'il méritait d'ailleurs par ses vertus privées : sa frugalité était extrême, et il vivait avec la simplicité d'un particulier. D'une bravoure éprouvée et la main toujours ouverte pour donner, il rendait la justice à tout le monde, sans distinction de personnes, avec une sagacité restée proverbiale. Quoique sévère dans les actes de son gouvernement, il se montrait généreux envers ses ennemis personnels : ayant découvert une conspiration dont le but était de l'assassiner dans une de ses promenades nocturnes à travers les rues de la Mekke, il se contenta, pour tout châtiment, d'exiler les conjurés. Il remit les finances sur un pied régulier ; il abolit toutes les taxes arbitraires, et il soldait de ses propres deniers un corps considérable de Bédouins et d'esclaves, nègres ou abyssins, qu'il garda toujours à son service. C'est lui qui chassa de Djeddah les Juifs devenus odieux par leurs trafics et leurs gains illicites. Sa mort fut un deuil universel ; la ville tout entière suivit son convoi, et sa mémoire est encore vénérée comme celle d'un saint.

Serour régna quatorze ans. Quoiqu'il laissât deux fils en état de lui succéder et qu'Abdallah, l'un d'eux, fût d'une valeur poussée jusqu'à la témérité, Abd-el-Maïn, un de leurs oncles, s'empara du pouvoir ; mais il en fut dépossédé au bout de quelques jours par Ghaleb, un autre frère de Serour, beaucoup plus jeune, et que son courage, son esprit insinuant, ses manières engageantes, avaient depuis longtemps rendu populaire. C'était un colosse, et il avait, contre la coutume des Arabes, un appétit proportionné à sa grande taille : chaque matin, il buvait à son déjeuner un seau de lait ; un mouton tout entier ne lui faisait pas peur. Il avait une voix de Stentor et, habile dans tous les exercices du corps, lançait le jérid avec une adresse, une vigueur peu communes. Il passait pour savant et entendu en médecine, ce qui ne contribuait pas peu à le mettre en faveur parmi les Bédouins. Les personnes qui l'ont connu m'ont assuré n'avoir jamais vu de physionomie plus intelligente et plus spirituelle. Doué d'autant de pénétration que d'éloquence, il était bien difficile de lui résister, quand il avait intérêt à séduire.

Il fut sans comparaison le chérif-émir le moins contesté, le mieux établi et le plus absolu qui jusqu'alors eût régné sur le Hedjaz, et recueillit tranquillement les fruits de l'habile et vigoureuse administration de son frère Serour; plus heureux que ses prédécesseurs, il n'eut pas de démêlés sérieux avec les chérifs, pendant les vingt-sept ans que dura son règne, et se rendit si complétement indépendant de la Porte, qu'il s'appropria, comme je l'ai dit plus haut, tout le produit de la Douane de Djeddah, qu'il devait partager avec le Sultan. Celle d'Yambo lui appartenait en propre, et il envoyait dans cette ville, pour en percevoir les droits, un gouverneur décoré du nom pompeux de vizir. La partie la plus claire de son revenu provenait de ces deux sources. Il prélevait de plus une taxe sur les denrées apportées de l'intérieur dans les villes de son gouvernement, et une autre sur le bétail. Les habitants de ces villes n'étaient soumis à aucun autre impôt, ni pour leurs propriétés ni pour leurs personnes. La Syrie et l'Égypte sont loin d'avoir jamais joui d'une semblable immunité. Les pèlerins persans étaient, en leur qualité de schismatiques ou hérétiques, assujettis à une capitation qui entrait, bien entendu, dans la caisse de Ghaleb, sans compter les riches présents qu'il recevait ou exigeait de tous les autres pèlerins; ceux faits aux mosquées n'arrivaient à leur destination que rognés par lui, et les sommes envoyées de Constantinople à la Ville Sainte restaient presque en totalité dans ses mains.

Serour se livrait au commerce et en faisait un considérable avec l'Yemen; Ghaleb en fit un plus grand encore avec différents pays, notamment avec Bombay, et, sans s'attribuer aucun monopole, ainsi que le pratique le pacha d'Égypte, il accaparait toujours dans ses magasins, comme négociant et propriétaire, assez de marchandises et de provisions de toute espèce pour influer sur les cours et réalisait ainsi de gros bénéfices. Dominé par l'avarice, il ne songeait qu'à les augmenter et, pour atteindre son but, tous les moyens lui paraissaient bons. Les délits, même les crimes, se rachetaient à beaux deniers comptants; les plus légères contraventions étaient punies de fortes amendes, et si le sang coula peu sous son règne, on n'en peut dire autant de l'or, qui affluait de toutes parts et par toutes les voies dans ses coffres. J'ai entendu évaluer son revenu à 6 ou 7 millions de francs; l'entretien de sa maison ne lui en coûtait pas cinq cent mille. Il est vrai qu'il avait en outre à sa solde un corps permanent de quatre ou cinq cents Nègres ou Bédouins, les premiers choisis parmi ses propres esclaves, les autres recrutés pour la plupart dans le Nedj, l'Yemen et les montagnes d'Assir. Cette armée était commandée par des chérifs et tenait garnison à la Mekke, à Djeddah et dans les autres villes du Hedjaz.

En temps de guerre, ce faible noyau se grossissait des cheiks du désert, qui devaient, eux et leur tribu, le service militaire à l'émir de la Mekke, comme les vassaux du moyen âge le devaient à leur suzerain. Ils ne recevaient aucune paye, mais le prince se les attachait par des cadeaux et leur abandonnait une part du butin. Il agissait de même avec les chérifs, souvent en grand nombre, qui se joignaient à lui; ce qui ne laissait pas d'être onéreux. Pendant la guerre des Wahabites, Ghaleb eut quelquefois sous sa bannière jusqu'à dix mille hommes, force imposante pour le pays. Les fantassins étaient armés de mousquets et de poignards; les cavaliers portaient la lance : mais aucune discipline n'était observée parmi ces troupes improvisées. L'expédition terminée, chacun rentrait sous sa tente et y demeurait jusqu'à une expédition nouvelle.

Le chérif-émir est censé commander à toutes les tribus répandues dans les déserts du Hedjaz; mais, quoique leur nom figure sur ses registres comme autant de districts soumis à sa domination, il n'exerce sur la plupart qu'une action morale, et ici plus qu'ailleurs le fait est bien différent du droit. Comme il existe de tribu à tribu de perpétuelles rivalités, il se sert de ce moyen pour maintenir son influence en profitant de leurs discordes et en soutenant tour à tour, selon l'intérêt du moment, la cause des unes ou celle des autres. La politique chérifale fut toujours de ménager les Bédouins, afin de se concilier leur affection. C'est le gouvernement paternel et patriarcal dans la vérité du mot, et tel qu'il a dû régner à l'origine des sociétés. Ghaleb se montra fidèle à cette tradition et fit de cette politique la règle de sa conduite. Élevé parmi les Bédouins, comme les fils de tous les chérifs, il était plein d'égards pour sa famille adoptive et la traitait, même en public, avec une considération marquée. Tous les Bédouins, quels qu'ils fussent, trouvaient chez lui le plus gracieux accueil; ils descendaient à son palais, comme dans un caravansérail ou dans un khan, y logeaient, y mangeaient, y vivaient à discrétion, et, lorsqu'ils partaient, on remplissait de provisions leur sac de voyage.

Le gouvernement de Ghaleb fut doux et ciconspect ; mais s'il n'avait pas la sévérité de Serour, il n'avait pas non plus sa justice. Naturellement modéré, il pardonnait, il oubliait facilement les injures et ne persécutait personne, pas même ses ennemis les plus affichés, qui habitaient en paix la Mekke sans être inquiétés par qui que ce fût. S'il ménageait peu la bourse des habitants de la Mekke, il ménageait du moins leur orgueil, qui n'est pas mince ; ses vexations portaient sur la masse, rarement sur l'individu ; il respectait les propriétés particulières, tout en se rendant maître de la fortune publique. Le petit peuple jouissait d'une liberté qui allait souvent jusqu'à la licence, au point que les rixes de quartier à quartier n'étaient pas même réprimées et qu'on se battait des semaines entières, à coups de bâton il est vrai, sans que la police intervînt. Aussi Ghaleb, malgré ses extorsions, était-il aimé de ceux qui n'avaient rien à perdre et fut-il généralement regretté. Parvenu au pouvoir en 1786, il l'exerça tranquillement pendant une quinzaine d'années, et l'aurait conservé jusqu'à la fin de sa vie, si des événements imprévus n'avaient mis fin prématurément a son existence politique, après en avoir troublé la dernière moitié : je veux parler de l'apparition des Wahabites et de leurs conquêtes dans le Hedjaz.

Le Wahabisme remonte au milieu du siècle dernier et eut pour fondateur Abd-el-Wahab, un Arabe du Nedj, homme de grand savoir, qui, ayant voyagé dans les différentes parties de l'empire ottoman, avait été frappé du relâchement de la foi musulmane et des abus introduits dans le culte, principalement parmi les Turcs. Il conçut dès lors une réforme religieuse dont il exposa les motifs dans divers traités écrits par lui. Prenant pour base le Koran, mais le Koran seul, à l'exclusion de tous les commentaires, de toutes les nouveautés qui en altéraient à ses yeux la pureté primitive, il entreprit de ramener l'islamisme à son principe fondamental, l'unité absolue de Dieu. Il défendit en conséquence de considérer Mahomet autrement que comme un homme, resté toujours homme, quoique revêtu d'une mission divine, et qui ne doit être ni adoré ni invoqué directement. Il proscrivit le culte des saints qui ont usurpé une si grande place dans toutes les religions; déclara l'aumône et la justice aussi nécessaires au salut que la prière, et quant à celle-ci, réprouva l'emploi du chapelet; il prohiba, comme contraires à la loi, la somptuosité des vêtements, et, révolté des mœurs infâmes qu'il avait vu régner chez les Ottomans, il prêcha avec l'énergie de l'indignation la pudeur et l'austérité. Il va jusqu'à interdire aux fidèles l'usage du tabac.

Wahab peut être comparé aux réformateurs chrétiens du xve et du xvie siècle; il y avait en lui du Calvin et du Savonarola. Il n'institua, quoi qu'en aient dit ses ennemis, ni dogme nouveau, ni pratique nouvelle, et s'en tint au Koran, comme les Luther et les Huss s'en tenaient à la Bible. Mais on comprend que son puritanisme ne fut pas du goût des Turcs, qu'il avait surtout en vue, et qui durent par tactique dénaturer sa doctrine pour mieux la calomnier. Les ulémas du Caire, consultés par le pacha d'Égypte, la déclarèrent orthodoxe et ajoutèrent que, si elle était vraiment telle qu'on la leur exposait, ils étaient eux-mêmes Wahabites. Toutefois le réformateur arabe eut peu de succès pendant sa vie; l'Orient est plus rebelle encore aux réformes que l'Occident. Ses voyages terminés et de retour dans sa patrie, il s'était établi avec sa famille dans une ville du Nedj, appelée Deraïeh, qui devint la Genève du protestantisme mahométan. Le principal personnage de cette ville était alors Mohammed-Ibn-Saoud, qui épousa sa fille et sa doctrine. Ce fut son premier disciple. Saoud prit le titre d'émir, et fut le fondateur politique de la réforme dont son beau-père avait été le fondateur religieux. Il eut pour successeur de son titre et pour continuateur de sa mission, d'abord son fils Abd-el-Azis, qui mourut assassiné en 1803, puis son petit-fils, Ibn-Saoud, qui porta à l'apogée l'œuvre ébauchée par son aïeul.

Dans le système mahométan, le pouvoir temporel est si étroitement uni au pouvoir spirituel, qu'ils sont inséparables. Le Koran n'est pas seulement un code religieux; c'est un code politique et civil qui règle toutes les relations des hommes entre eux, et sert de base à la société, comme il en forme tout le mécanisme : justice, pénalité, mariages, successions, tout en relève, tout est rivé pour ainsi dire au principe divin. On n'en peut modifier un seul article sans renverser par là même l'édifice tout entier. Revenant à la conception primordiale, à l'essence même de la loi musulmane, les Wahabites, et Saoud à leur tête, avaient rêvé et réalisé en Arabie une république théocratique ou théocratie républicaine, qui, laissant à chaque tribu sa liberté d'action, sa vie individuelle, les réunissait toutes sous l'autorité supérieure d'un droit commun émané du Koran, c'est-à-dire de Dieu même; passant de l'anarchie à l'ordre, l'individu devait se ranger sous la discipline de l'intérêt commun. Les contestations privées, abandonnées jusqu'alors aux hasards sanglants de luttes sans cesse renouvelées, étaient soumises à un tribunal suprême et désintéressé dans les questions en litige; tous les préceptes du maître, l'adoration de Dieu, de Dieu seul, l'aumône, la rigidité des mœurs, la simplicité des vêtements, étaient rigoureusement observés.

Quoique nés si près du berceau de Mahomet, un grand nombre de Bédouins vivaient dans une ignorance profonde des notions les plus élémentaires de sa loi, et leur culte se bornait à la répétition périodique et mécanique, pour ainsi dire, de la formule qui la résume : « Il n'y a de Dieu que Dieu, et Mahomet est son prophète. » Tout le reste leur était inconnu. Ceux qui en savaient un peu plus ne pratiquaient aucune observance. Leur recommandait-on les ablutions, ils répondaient qu'ils n'avaient point d'eau pour les faire, et si on leur parlait de se conformer au jeûne du rhamadan, ils s'en dispensaient, disant que ce n'était pas la peine, puisqu'ils jeûnaient toute l'année. Ils n'étaient pas plus zélés pour la prière ; leur disait-on que Dieu l'ordonne, ils répondaient : « Nous ne l'avons pas entendu ; » et si l'on ajoutait que ses commandements sont consignés dans le Koran, ils répliquaient qu'ils ne savaient pas lire. La religion des plus ignorants comme des plus instruits se bornait donc à un déisme vague sans dogmes et sans culte. Plusieurs même n'étaient pas si avancés et passaient leur vie dans un athéisme complet. Aujourd'hui encore, il existe en Arabie des esprits forts qui font profession d'incrédulité, et auxquels on donne, je n'ai pu découvrir pourquoi, le nom de Francs-Maçons.

Le Wahabisme inspira aux Bédouins des notions plus saines sur la Divinité, sur la destination de l'homme ici-bas, et sur les devoirs envers le prochain. Il ouvrit leur esprit à des idées plus nobles, et leur cœur à une morale plus élevée ; leur apprit à respecter la propriété d'autrui, et extirpa le vol au point de rendre le désert plus sûr que les villes les mieux surveillées ; il réprima l'abus du divorce, modéra, s'il ne put la détruire tout à fait, la vengeance du sang, qui est le droit commun des Bédouins et perpétue de génération en génération les inimitiés particulières. Il abolit dans plusieurs tribus certaines coutumes étranges, non moins contraires aux lois divines qu'aux lois humaines : c'est ainsi, par exemple, que dans la tribu des Assir, le père, pour marier sa fille, la mettait en vente au marché, en criant sur son passage : « Qui veut acheter la vierge ? » Et dans la tribu des Merékedé, le maître du logis, par excès d'hospitalité, livrait sa propre femme à l'étranger qu'il hébergeait sous sa tente. Ces usages barbares et d'autres semblables disparurent entièrement.

Saoud avait composé, pour l'instruction des Arabes, un catéchisme qu'on étudiait dans les écoles, et qui respire à chaque ligne la spiritualité la plus pure, une hauteur de sentiments bien différente du grossier matérialisme où sont plongés les Turcs. Le trait distinctif et le véritable caractère de la doctrine wahabite, comme aussi du livre élémentaire qui la résume, est le mépris des formes extérieures et de toutes les pratiques superstitieuses. Mahomet lui-même avait senti le danger des emblèmes pour un peuple dont l'imagination est si vive, si prompte à tout animer ; aussi a-t-il proscrit rigoureusement toute espèce d'images, de peur que le symbole n'ouvrît la porte à l'idolâtrie. Les Wahabites n'ont fait sur ce point, comme sur tous les autres, que se conformer strictement à la pensée, à l'ordre exprès du Prophète, et c'est pour cette raison qu'ils abattaient partout les coupoles élevées par une dévotion exagérée sur le tombeau des saints. La coupole, disent-ils, est le privilége des temples ; aucun homme, quelle qu'ait pu être sa sainteté, ne saurait, sans une impiété sacrilége, être honoré d'une distinction qui n'appartient qu'à Dieu.

Saoud habitait Deraïeh avec toute sa famille très-nombreuse et très-unie, et de là gouvernait les tribus soumises à sa domination. Son autorité ressemblait, à beaucoup d'égards, à celle du chérif-émir de la Mekke, si ce n'est que, temporelle à la fois et spirituelle, elle était plus forte, plus absolue et plus redoutée. Il était très-bel homme et avait une voix si douce que toutes ses paroles allaient au cœur, à ce que disaient du moins tous les Arabes. Conséquent avec sa propre doctrine, il en mettait en pratique tous les préceptes. Vêtu, lui et les siens, d'un simple abbaya de laine où ne paraissait pas un fil de soie, il donnait l'exemple de toutes les vertus patriarcales. Aucune femme de sa famille ne se fût permis de porter le moindre bijou. C'est d'ailleurs une règle commune à tous les adeptes, fidèles en cela à la lettre du Koran. Il célébrait chaque soir dans sa maison un culte domestique, comme le pratiquent beaucoup de familles protestantes. Le seul luxe de Saoud était dans ses chevaux : il en possédait plus de deux mille de la plus belle race du Nedj, et quelques-uns d'un grand prix : on cite une jument qu'il n'avait pas payée moins de quinze mille francs. Il entretenait aussi des dromadaires d'une vitesse extraordinaire.

Accessible à tout le monde, sa maison était toujours pleine de cheiks et de simples Bédouins qui venaient l'entretenir de leurs affaires, mangeaient chez lui comme chez eux, et l'abordaient tous, même les plus pauvres, avec cette liberté dont ils ne se départent jamais; ils le saluaient par son nom en lui prenant la main et lui donnaient souvent à lui-même le surnom de Père des Moustaches, parce qu'il en avait d'énormes. Affable dans ses manières, il exigeait que chacun restât assis devant lui. Aussi prudent dans le conseil qu'habile et résolu dans l'exécution, il rendait la justice à tous avec une impartialité incorruptible, une inflexible rigueur. La peine capitale était pourtant très-rare. Un châtiment plus redouté que la mort même consistait à raser la barbe du coupable. Loyal et strict observateur de sa parole, il avait horreur du mensonge et rossait quelquefois les menteurs; mais, dès qu'il sentait la colère s'allumer en lui, il priait les assistants de le contenir et remerciait ensuite ceux qui l'avaient fait. Éloquent et versé dans les écritures musulmanes comme peu d'ulémas, il engageait volontiers des controverses religieuses, et, tout en soutenant son opinion avec chaleur, il laissait ses adversaires en faire autant ; la discussion épuisée, il la fermait par cette phrase sacramentelle, qui d'ordinaire était un congé : « Dieu sait mieux que nous ce qu'il en est. » Saoud, il faut le dire, était enclin à l'avarice et se désaffectionna par là bien des cœurs. Il en convenait lui-même, attribuant à ses propres fautes et à ses péchés les revers éprouvés par les Wahabites à la fin de son règne.

Tous les pouvoirs émanaient de lui et tous étaient concentrés dans sa main. Il ne prenait conseil, en temps de paix, que des ulémas choisis exclusivement dans la famille du fondateur de la doctrine, Abd-el-Wahab. Les grands cheiks étaient nommés par lui, et avaient sur les autres une autorité dont ils n'abusaient jamais impunément ; car Saoud était trop habile et connaissait trop bien la fierté des Arabes pour ne pas les ménager et pour les traiter en maître absolu. Toute tyrannie les révolte, et son pouvoir était à ce prix. Il envoyait dans les tribus de sa domination des cadis salariés par lui et chargés de rendre en son nom la justice, avec l'ordre absolu de ne recevoir aucun présent. L'intégrité de ces juges est encore proverbiale en Arabie. Le seul code en vigueur était le Koran appliqué à la lettre, sans interprétation, sans arbitraire. Il y avait appel auprès de l'émir de tous les jugements des cadis, comme aussi de tous les actes des cheiks, ce qui maintenait les uns et les autres dans la ligne droite du devoir et de la légalité. Il envoyait également des percepteurs pour recueillir les contributions destinées au Beïth-el-mal, ou trésor public, lequel se composait de la dîme en nature, des amendes, du cinquième du butin et de deux et demi pour cent sur le capital des marchands, tenus, comme dans l'ancienne Rome, de le déclarer sous serment. Les tribus révoltées étaient punies par la confiscation, et leurs biens allaient grossir le revenu public.

Ces diverses impositions semblaient lourdes aux Bédouins, habitués à n'en payer aucune. Pourtant ils s'y soumettaient en les voyant consciencieusement employées dans l'intérêt de tous. Ils payaient de plus un impôt spécial consacré tout entier aux aumônes, suivant les prescriptions du Prophète; et comme cet impôt, nommé *zéka*, avait un caractère religieux, aucun Wahabite n'eût osé s'y soustraire ni même s'en plaindre, sous peine de passer pour mauvais musulman. Les Bédouins ne se résignaient pas si facilement aux obligations du service militaire, qui leur imposait des charges onéreuses et les forçait à d'énormes déplacements. C'était une véritable conscription, moins le tirage au sort; quand il ne s'agissait pas d'une levée en masse, on pouvait fournir un remplaçant. Les soldats étaient indemnisés de leurs sacrifices par une large part du butin fait sur l'ennemi, et qui se divisait en vertu de lois scrupuleusement observées. Ce butin était souvent considérable, car les guerres n'étaient d'ordinaire que d'immenses razzias chez les tribus les plus riches en troupeaux. Ces expéditions étaient conçues et conduites par Saoud ou ses fils avec une remarquable habileté, et presque toujours heureuses; mais l'humanité n'y présidait pas; on ne faisait pas de prisonniers, et, le fanatisme aidant, les vaincus n'obtenaient aucun quartier. Des populations entières étaient passées au fil de l'épée; ainsi le veut la loi du Koran. Plusieurs corps combattaient à dromadaire, peu à cheval, et le plus grand nombre à pied. Après la guerre, chacun rentrait chez soi, et il ne restait sur pied, comme armée permanente, qu'une garde du corps composée des soldats les plus braves, les plus éprouvés, et que Saoud tenait auprès de sa personne à Deraïeh.

Les tribus sédentaires du Nedj furent les premières à se soumettre à l'autorité théocratico-politique d'Abd-el-Azis et de son fils Saoud, qui étendit ses conquêtes à travers l'Yemen jusqu'à Mascat et porta ses armes victorieuses jusqu'aux portes de

Bassora, de Bagdad, d'Alep, et même de Damas. Il ne songea pourtant jamais à établir son empire au delà des frontières de l'Arabie. Ses excursions du côté de l'Euphrate et du Liban n'étaient que des courses rapides opérées en vue du butin pour enrichir ses troupes et lui-même. Ces pays, je veux dire la Mésopotamie et la Syrie, relevant directement des Turcs, considérés par lui comme hérétiques, avaient tous les titres à son inimitié; tout en eux légitimait ses agressions. Le pacha de Bagdad finit par s'émouvoir et dirigea en 1797 contre ces redoutables sectaires une expédition qui n'eut aucun succès et ne fit qu'ajouter le mépris à la haine qu'ils portaient aux Ottomans. Le pacha de Damas en prépara plus tard une qui devait les anéantir et qui resta à l'état de projet. Ils furent moins heureux dans le golfe Persique, où ils possédaient un port nommé Ras-el-Kheïmé qui, en 1809, fut réduit en cendres par une escadre anglaise, pour punir les habitants de nombreux actes de piraterie commis par eux dans cette mer au préjudice du commerce britannique. Dès ce temps-là Saoud avait supprimé le nom du Sultan dans les prières publiques, ce qui était se mettre en rébellion ouverte et équivalait à une déclaration de guerre.

Le plus menacé de tous les voisins de Saoud était sans contredit le chérif Ghaleb, qui régnait alors sur le Hedjaz, et dont les possessions touchaient à celles du nouvel émir. Plus d'un empiétement avait eu lieu de la part de ce dernier, et de plus sérieux étaient à craindre. Ghaleb, effrayé, ne cessait de noircir les Wahabites aux yeux de la Porte et de l'animer contre eux, dans l'espoir qu'elle lui viendrait en aide et tenterait enfin quelque coup décisif. Ne pouvant réussir à vaincre son inertie, il avait pris enfin les armes dès 1793, et, quoique réduit à ses propres ressources, il avait remporté quelques avantages dans le Nedj. Les hostilités durèrent plusieurs années entre les deux voisins, avec des chances à peu près égales ; mais enfin, malgré le courage et l'habileté militaire de Ghaleb, la fortune se déclara pour les Wahabites : ils entrèrent dans le Hedjaz avec des forces imposantes, prirent Taïf en 1801 et la Mekke en 1803. Leur discipline fut admirable dans la ville sainte, et pas le moindre excès n'y fut commis. Les Mekkaouis en furent quittes pour se montrer plus assidus dans les mosquées, pour cacher leurs habits de soie, et pour s'abstenir de fumer en public, sauf à s'en dédommager chez eux tout à leur aise. Ghaleb s'était retiré à Djeddah ; Saoud l'y suivit ; mais arrêté par les murs de la place, il entra en négociation avec le chérif-émir, qui revint à la Mekke et y reprit son autorité, non sans avoir fait préalablement profession de wahabisme. Saoud s'empara de Médine bientôt après, et en traita les habitants avec moins d'égards qu'il n'en avait témoigné à ceux de la Mekke. Il y plaça une garnison, dépouilla le tombeau de Mahomet des objets précieux dont l'avait enrichi la piété des Croyants, et se mit en devoir d'abattre le dôme dont il était couvert, comme il abattait tous ceux qui n'appartenaient pas aux mosquées.

On a dit à tort que les Wahabites avaient supprimé le pèlerinage; cette pratique est trop expressément ordonnée par le Prophète pour qu'il ne s'y fussent pas rigoureusement conformés. Mais, indignés de l'extrême licence des pèlerins turcs, ils les obligeaient à une tenue plus décente et réprimaient leurs désordres avec sévérité. Les Mogrébins, dont la conduite est plus régulière, ne furent jamais inquiétés, non plus que les Indiens ni les nègres du Soudan. Si les caravanes de Bagdad, de Damas et du Caire, cessèrent leurs voyages, c'est que les pachas et les troupes ottomanes qui les accompagnaient d'ordinaire n'osèrent plus se risquer à travers les contrées occupées par les Wahabites, dont le nom seul était pour eux un épouvantail.

Sur ces entrefaites, le Sultan avait nommé pacha d'Égypte Méhémet-Ali, dont le nom fit plus tard tant de bruit dans le monde, et lui avait imposé l'obligation de délivrer les Villes Saintes des sectaires qui s'en étaient emparés. Élevé à sa nouvelle dignité dès 1804, mais occupé d'abord à l'extermination des Mamelouks, il ne songea qu'en 1809 à exécuter les ordres du sultan. Tousoun-Bey, son second fils, âgé seulement de dix-huit ans, mais d'une bravoure déjà éprouvée et bien rare aujourd'hui chez les Osmanlis, surtout dans la famille des pachas, fut mis à la tête de l'expédition et débarqua à Yambo en 1811. Ses premières armes furent malheureuses : s'étant avancé sur Médine, occupée toujours par les Wahabites, il fut battu par eux à plate couture dans les défilés de Djedeïdé. Forcé de se replier sur Yambo, il y rallia son armée et, grâce à des renforts reçus d'Égypte, réussit l'année suivante à s'emparer de Médine. La garnison wahabite restée dans le château fut obligée de capituler après trois semaines de résistance, et en sortit avec armes et bagages à la faveur d'un sauf-conduit; mais elle n'avait pas fait cent pas hors de la place que les Turcs se jetèrent sur elle, la dépouillèrent et l'égorgèrent. Admirez la bonne foi des Ottomans! Un renégat écossais, familier du jeune bey, fut quelque temps gouverneur de la ville sainte et périt bravement les armes à la main dans un engagement postérieur.

Vers la fin de la même année, la Mekke, puis Taïf, tombèrent au pouvoir des Turcs commandés par Mustapha-Bey, beau-frère de Méhémet-Ali, un homme atroce qui s'était baigné naguère dans le sang des Égyptiens et se vantait d'avoir fait mourir sous le bâton plus d'hommes qu'il n'en serait né dans sa famille, si chacune de ses femmes lui avait donné chaque jour un enfant mâle. Les souvenirs de leur férocité et de leur perfidie sont encore vivants dans le cœur des Arabes après quarante ans. Les Wahabites, qui dans toute cette campagne eurent le tort de mépriser trop leur ennemi et de ne lui opposer que des forces insuffisantes, furent contraints d'abandonner le Hedjaz et de rentrer dans leurs premières limites. Tousoun-Bey fut nommé par la Porte pacha de Djeddah, et son père vint en personne du Caire à la Mekke en 1814 pour recueillir le fruit des victoires qu'il n'avait pas remportées.

Chérif Ghaleb avait conduit ses affaires avec tant de circonspection et une habileté si consommée, qu'il était parvenu à maintenir son autorité dans ces terribles conjonctures. Turc ou Wahabite, suivant l'intérêt du quart d'heure ou les chances des deux ennemis, il nageait entre deux eaux, évitant de se compromettre par aucune mesure trop significative, et se ménageant en toute circonstance des portes de derrière. Sa politique consistait à louvoyer, à temporiser, dans l'espoir de voir s'affaiblir l'un par l'autre deux ennemis qu'il redoutait également et dont l'inimitié faisait son salut. Quand la fortune parut s'être prononcée définitivement en faveur des Osmanlis, il unit ses troupes aux leurs et se trouva de sa personne à la prise de Taïf. Le plus brillant chef wahabite et le plus heureux dans cette guerre était Medhaïfé, son propre beau-frère, qu'il haïssait, et dont il eut l'indignité de mettre la tête à prix. Medhaïfé lui fut livré par trahison, et il se hâta de l'envoyer en triomphe à Constantinople, où le vaillant Arabe fut décapité. En même temps que Ghaleb satisfaisait sa haine, il espérait par là sans doute se concilier les Turcs. C'était les mal connaître, et son illusion dura peu.

Il était allé recevoir à Djeddah Méhémet-Ali à son arrivée au Hedjaz, et ils étaient revenus ensemble à la Mekke. Là, ils avaient juré solennellement sur le Koran, dans la grande mosquée du Prophète, qu'ils n'entreprendraient jamais rien l'un contre l'autre et qu'ils vivraient en parfaite union. Le pacha d'Égypte, en faisant ce serment, ne songeait, en vrai Turc, qu'à le violer. Le chérif, au contraire, tint le sien fidèlement, et ses ennemis les plus acharnés ne l'accusèrent jamais d'avoir eu même la tentation d'y manquer. Telle est la différence des deux races : l'Arabe respecte la foi jurée; le Turc ne respecte rien.

Le chérif habitait, à la Mekke, un château bien fortifié, défendu par une garnison de 800 hommes et par une artillerie qui le rendaient imprenable. Ne pouvant l'y surprendre et n'osant se saisir de lui au milieu de la suite nombreuse qui l'accompagnait toujours lorsqu'il sortait, Méhémet-Ali lui dressa toutes sortes d'embûches qui n'eurent d'abord aucun succès. Il l'aurait même arrêté dans la mosquée, si le cadi n'eût fait respecter l'inviolabilité du lieu saint. Enfin il imagina un guet-apens si artistement, si artificieusement combiné, que Ghaleb s'y laissa tomber et fut fait prisonnier avec une insigne perfidie. Il se contenta de dire avec mépris : « Si j'étais un traître, ceci ne serait point arrivé. » Il supporta son revers avec une grande dignité et une fermeté d'âme qui ne se démentit jamais. Déporté à Salonique par le Sultan, il y mourut de la peste dans l'été de 1816.

Avec lui finit le gouvernement chérifal. Tous les chérifs-émirs nommés après Ghaleb le furent par la Porte, et réduits à un traitement fixe payé par elle, comme aux autres fonctionnaires de l'empire ; ils ne jouirent que d'une indépendance fictive et d'une autorité nominale. Ils sont bien toujours considérés comme chefs des tribus du Hedjaz, et on continue à les choisir dans l'ancienne famille régnante ; mais ils ne sont en réalité que les agents du gouvernement, qui les nomme et les paye au même titre que le vizir et les pachas. Le premier chérif nommé par Méhémet-Ali fut Yahya, parent de Ghaleb, un homme entièrement nul et parfaitement approprié à sa condition. Le pacha, voulant détruire dans sa racine l'ascendant séculaire et traditionnel des petits-fils du Prophète, en exila trois cents en Égypte, et ne laissa aux autres que des emplois subalternes, comme, par exemple, celui de guide dans son armée.

L'emprisonnement de Ghaleb et l'ignoble trahison dont il avait été victime soulevèrent contre les Turcs l'indignation de tous les Arabes. Les Mekkaouis eux-mêmes en furent consternés. Jamais les Wahabites ne s'étaient rendus coupables d'une telle perfidie; ils en étaient incapables, et la comparaison étant tout à leur avantage, la faveur publique se prononça pour eux. Méhémet-Ali expia sa trahison par une suite de revers qui le mirent à deux doigts de sa perte. Le premier fut l'entière défaite, à Taraba, de ses meilleures troupes, commandées par son fils Tousoun; elles furent taillées en pièces par les Arabes Begoum, cultivateurs et pasteurs, conduits ou du moins inspirés par une femme nommée Ghalié. Cette Jeanne d'Arc du désert était le véritable cheik de sa tribu, et les Turcs la regardaient naturellement comme une sorcière dont les enchantements rendaient invulnérables ceux qu'elle favorisait. Deux échecs non moins sanglants humilièrent les armes ottomanes dans le Zohran et à Gonfodé, une des cinq villes du Hedjaz. Méhémet-Ali en fut bientôt réduit à ne pouvoir sortir des murs de la Mekke, et les communications avec Djeddah étaient même souvent interrompues. Son armée se trouvait dans le plus fâcheux état : les chameaux manquaient pour les transports; il en périt plus de trente mille dans cette guerre. Les vivres étaient si rares sur tous les points, qu'ils atteignaient des prix exorbitants; les soldats, mal payés ou pas payés du tout, ne pouvaient se procurer qu'à grand'peine les choses de première nécessité ; ils murmuraient hautement, désertaient en masse, et les recrues n'arrivaient plus.

Méhémet-Ali seul ne désespérait pas. Bien convaincu que la perte du Hedjaz entraînerait pour lui celle de l'Égypte, il déploya, pour s'y maintenir, des ressources extraordinaires et une fermeté peu commune. Malheureux par les armes, il se rabattit sur les négociations, en entama d'abord avec les tribus des environs de la ville sainte, et s'en attacha plusieurs à prix d'argent : son or pénétra jusqu'au cœur du Wahabisme. Il affecta pour les Bédouins une sympathie et une partialité qui lui firent parmi eux beaucoup d'amis : il les accueillait familièrement, se laissait traiter par eux avec leur sans-gêne habituel, les comblait de cadeaux, payait généreusement tout ce qu'ils fournissaient à l'armée, et, dans toutes les contestations, il leur donnait invariablement raison contre ses propres soldats. Il poussa la politique jusqu'à faire la cour aux habitants de la Mekke, et, quoique franc-maçon dans le sens arabe, c'est-à-dire incrédule et athée affiché, il jouait le zèle et la dévotion, honorait et pensionnait les ulémas, réparait les lieux saints, fréquentait les mosquées, accomplissait strictement les minutieuses et ennuyeuses cérémonies de la kaaba, remplissait, en un mot, tous les devoirs d'un musulman modèle. Quand, par ces moyens et d'autres semblables, il pensa avoir rétabli ses affaires, il entreprit avec toutes ses forces, augmentées d'un corps de cavaliers bédouins recrutés dans les déserts de Libye, une nouvelle expédition contre les Wahabites concentrés à Bisel, village à l'est de Taïf, et remporta en personne une victoire complète au mois de janvier 1815.

Saoud était mort à Deraïeh l'année précédente, et le pouvoir suprême héréditaire dans sa famille avait passé à son fils Abdallah-Ibn-Saoud, supérieur à son père par la valeur militaire, qui chez lui était éclatante, mais bien moins habile à manier les tribus, à ménager et concilier leurs intérêts respectifs. Les débuts de son règne furent troublés par des dissensions intestines nées dans sa propre famille, et qui s'étendirent de proche en proche dans plusieurs tribus. Les grands cheiks affectaient une indépendance qu'ils n'auraient pas osé seulement rêver sous le précédent émir, dont la main était plus ferme et l'autorité plus universellement acceptée. Ces débats intérieurs relâchèrent la discipline, si nécessaire pendant la guerre, et ne furent pas étrangers au désastre de Bisel. Les dernières paroles de Saoud mourant à son fils Abdallah avaient été pour lui recommander de ne jamais combattre les Turcs en plaine ; et c'est pour n'avoir pas suivi cette instruction suprême que ce désastre avait eu lieu. Abdallah, ce jour-là, ne commandait pas en personne, se trouvant à la tête d'un corps de réserve destiné à protéger un autre point de ses frontières. Les troupes campées à Bisel étaient sous les ordres de son frère Faïsal.

Les Turcs usèrent et abusèrent de la victoire avec leur férocité accoutumée. Trois cents prisonniers à qui l'on avait promis la vie sauve furent empalés par les ordres de Méhémet-Ali : cinquante à la porte de la Mekke, autant à celle de Djeddah, et le reste le long de la route qui sépare ces deux villes. Les corps de ces vaillants fils du désert demeurèrent exposés jusqu'à ce que les vautours et les chacals en eussent fait leur pâture. Cette atrocité suffit pour faire deviner les autres. De Bisel, le pacha prit la route de l'Yémen, où les Wahabites étaient fort nombreux, et où il espérait faire un butin considérable, cette province passant en Orient pour renfermer d'immenses richesses ; mais les troupes eurent tant à souffrir dans leur marche, qu'arrivées à moitié chemin, elles se mutinèrent et refusèrent d'aller plus loin : force fut donc de les ramener à la Mekke, d'où elles furent renvoyées en Égypte pour être remplacées par de nouvelles. Cette campagne avortée n'en fournit pas moins à Méhémet-Ali l'occasion de signaler sa perfidie et d'exercer sa cruauté sur quelques chefs importants, dont la trahison l'avait rendu maître. Il en fit massacrer un sous ses yeux par ses propres gardes, en recommandant aux soldats de le frapper à petits coups, pour que son supplice durât plus longtemps. L'intrépide Arabe, nommé Bakroud, expira dans les tourments sans avoir laissé échapper une seule plainte. Satisfait de son succès de Bisel, et jugeant en avoir fait assez pour sa gloire et son intérêt en délivrant les Villes Saintes, Méhémet-Ali proposa des conditions à Abdallah et se rendit à Médine pour y attendre le résultat de ses ouvertures pacifiques.

Tousoun-Pacha l'avait précédé dans cette ville, et se trouvait alors engagé dans une expédition contre le Kassim, l'une des provinces de la domination wahabite, où il conclut la paix en son nom avec l'émir de Deraïeh. Pendant ce temps, son père, qui ne l'avait secouru ni d'hommes ni d'argent, s'était rembarqué précipitamment pour l'Égypte, qu'il croyait, sur de faux rapports, menacée par une flotte du capitan-pacha. A la réception du traité conclu par son fils, il ne refusa pas précisément de le ratifier, mais l'ambiguïté de son langage prouva aux moins clairvoyants qu'il avait sur l'Arabie des vues ultérieures. Il y envoya en effet, en 1816, Ibrahim-Pacha, son fils aîné, avec une nouvelle armée destinée à la conquête de Deraïeh et à la destruction complète du gouvernement wahabite. Ibrahim déploya, dans cette circonstance, un courage, une capacité incontestables, et fit preuve d'une ténacité que le succès couronna. Après deux ans d'efforts constants et de luttes incessantes, en septembre 1818, il finit par s'emparer de Deraïeh, qu'il détruisit de fond en comble, forçant les habitants à chercher un refuge ailleurs. Il soumit le Nedj tout entier, et, ravitaillé par le pacha de Bassora, porta ses armes victorieuses jusqu'au delà du mont Chamar, dans la direction de Bagdad.

Abdallah-Ibn-Saoud défendit sa capitale avec une grande résolution, une grande bravoure ; mais il ne fut pas soutenu dans sa résistance par la population épuisée, découragée par un long siége, et qui préféra, connaissant mal les Turcs, les chances d'une capitulation aux horreurs d'un assaut, si bien qu'aux derniers moments l'émir ne pouvait plus compter que sur sa garde, composée de quatre cents nègres prêts à mourir pour lui jusqu'au dernier. Quand tout espoir fut perdu, il aurait pu s'échapper et se réfugier au fond du désert, pour y attendre de meilleurs jours ; il aima mieux se rendre et s'en remettre à la magnanimité du vainqueur, comme si un Turc pouvait être magnanime ! Après quelques jours de préparatifs ou d'hésitations, il se vint livrer de lui-même à Ibrahim, bien jeune encore, qui le reçut dans sa tente avec la plus grande distinction.

« Je vois bien, dit le prisonnier en étouffant ses larmes, que Dieu n'a pas béni ma cause et qu'il a voulu m'humilier. » Le jeune pacha lui répondit, pour le consoler, que les plus grands hommes avaient éprouvé les vicissitudes du destin, et qu'il devait compter sur la clémence du Sultan. Cette scène pathétique eut un affreux dénoûment. Envoyé au Caire avec une suite peu nombreuse, et du Caire à Constantinople, Abdallah apprit à connaître la clémence de Mahmoud, qui régnait alors. Pendant deux jours, le fier et valeureux émir fut promené, chargé de chaînes, dans toutes les rues de la ville ; le troisième, il fut décapité sur la place de Sainte-Sophie, et son corps fut abandonné à la populace, afin qu'elle pût assouvir sur ces tristes restes son fanatisme et sa vengeance. Cette exécrable saturnale se célébrait à la fin de 1818. La famille d'Abdallah demeura en Égypte, où ses enfants furent élevés, ainsi que je l'ai dit précédemment, par les soins de Méhémet-Ali.

Les Wahabites ne se sont jamais relevés du coup qui a détruit leur capitale et renversé leur gouvernement. Mais s'ils n'existent plus à l'état politique et comme puissance indépendante, ils n'en sont pas moins encore très-nombreux en Arabie, surtout dans le midi, jusqu'aux frontières de Mascat; ils y occupent à peu près seuls le vaste désert de Nahman, à cinquante journées de la Mekke, et payent ou sont censés payer à la Porte un tribut annuel de dix mille talaris. Ils reconnaissent toujours pour chef un membre de la famille de Saoud; le dernier dont j'ai entendu parler est Faïsal, cousin de Kaled-Bey, un fils ou un neveu du Faïsal qui commandait les Wahabites à la désastreuse journée de Bisel. Quelques familles wahabites émigrèrent sur les côtes de Barbarie, et y forment encore aujourd'hui, notamment dans la régence de Tripoli, des espèces de colonies estimées pour l'austérité de leurs mœurs, et qui ne sont pas sans rapports avec les Moraves de l'Europe septentrionale.

Ainsi périrent l'un après l'autre, et l'on peut dire l'un par l'autre, les deux gouvernements véritablement nationaux de l'Arabie, le Wahabisme et le Chérifat : le premier n'est plus qu'une secte, le second n'est plus qu'une ombre. Il ne fut pas difficile à la Porte de profiter de leur imprudente rivalité et de s'établir sur leurs ruines. Si, au lieu de se diviser, comme ils le firent, au début de la guerre, les deux émirs de la Mekke et de Deraïch se fussent, au contraire, alliés étroitement et franchement contre l'ennemi commun, sauf à régler ensuite leurs intérêts respectifs, jamais les Turcs n'eussent mis le pied dans le Hedjaz, ou, s'ils y eussent fait quelques pas, il n'en fût pas sorti un seul. L'Arabie serait indépendante aujourd'hui, et à jamais purgée de la lèpre ottomane; tandis que, pour avoir manqué une occasion si favorable, l'œuvre de sa délivrance est à recommencer sur de nouveaux frais. La faute en est principalement à Ghaleb, qui n'aurait jamais dû, dans son intérêt même, pactiser avec les étrangers, ni prêter la main à leurs projets. Il faillit dans cette circonstance à l'habileté dont il avait donné jusqu'alors des preuves, et l'on a lieu de s'en étonner, car il ne fallait certes pas une sagacité bien pénétrante pour prévoir le résultat définitif de sa conduite ambiguë et impolitique. Il perdit tout pour avoir voulu tout sauver, et il entraîna dans sa chute la seule barrière qui pût, avec son aide, arrêter les ennemis de sa patrie et préserver sa nationalité.

IX

De Djeddah à Taïf.

Le 22 février, Mustapha-Effendi, le vekhil du Grand-Chérif, vint nous dire que les dromadaires et les gens envoyés par ce prince pour nous conduire à Taïf étaient arrivés. Un homme considérable du pays, chérif lui-même et gouverneur civil ou préfet de la Mekke, avait reçu l'ordre de nous accompagner, et ne nous quitta qu'à notre retour à Djeddah.

C'était plus qu'une attention, c'était un honneur extraordinaire, vu l'importance du personnage. Chérif Hamed (c'était son nom) nous fit la première visite quelques heures après son arrivée, escorté de cinq ou six Arabes bien vêtus et armés jusqu'aux dents. Il portait un gros turban blanc, un djubbé écarlate, et un riche yatagan brillait à sa ceinture. Ses gardes et lui étaient nu-pieds, et je ne lui ai jamais vu aucune chaussure. Agé seulement de vingt-sept ans, et d'un brun très-prononcé, il avait de grands yeux noirs très-vifs et très-doux, des dents éblouissantes de blancheur, la voix jeune et fraîche, un sourire charmant. Nous le reçûmes avec toute la distinction due à son rang et à la dignité du prince qui l'envoyait; mais il n'ouvrit pas la bouche pendant toute la visite, ce qui d'ailleurs n'est pas rare en Orient, où l'on ne se dit rien quand on n'a rien à se dire. Son silence pourtant m'étonna; je dirai plus, il me choqua. Était-ce timidité? était-ce orgueil? je ne savais à laquelle de ces deux causes attribuer un mutisme si obstiné. Dans le doute, mon jugement fut sévère, et j'avoue que la première impression fut loin de lui être favorable.

Le lendemain, nous lui rendîmes sa visite chez Mustapha-Effendi, où il était logé, et nous trouvâmes la maison pleine d'Arabes accourus pour saluer le chérif. Il nous reçut avec une courtoisie parfaite, et, sans être communicatif, il fut cependant moins silencieux que la veille. A la pipe et au café succéda le sorbet, servi dans de grands verres dorés, après quoi des esclaves de la maison nous versèrent de l'eau de rose sur les mains et sur nos habits, cérémonie usitée envers les personnes qu'on veut honorer d'une façon particulière et seulement à la fin de la visite. Le départ fut fixé pour le jour même après la prière de l'Asr.

Le consul de France avait, sur ma demande, accordé à M. Dequié, son chancelier-drogman, l'autorisation de faire le voyage avec moi, et je n'eus qu'à m'en féliciter. J'eus en lui la société d'un homme serviable, attentif, et un interprète versé dans la langue, dans les usages et dans le cérémonial du pays. J'aurais dû sans lui recourir à mon compagnon de voyage, et j'aimais autant m'en affranchir. Comme ce dernier parlait arabe, qu'il voyageait dans l'Orient depuis plusieurs années, et qu'il avait de grandes prétentions à en connaître à fond et les hommes et les choses, je lui avais abandonné, dès notre départ du Caire, l'administration matérielle de notre petite caravane, quoiqu'il la gouvernât assez mal et se montrât plus important qu'entendu. Ce jour-là, en particulier, il exerça fort ma patience et celle du chérif Hamed, sans parler de M. Cole, son propre consul, qui était sur les charbons ardents. On devait partir à l'Asr, mais à l'Asr rien n'était prêt ; nous n'emportions cependant avec nous que le bagage strictement nécessaire à notre usage personnel. En agir autrement eût été manquer d'égard au prince hospitalier qui nous traitait d'une si noble façon et entendait nous défrayer complétement. Bref, nous ne partîmes guère qu'au mogreb, c'est-à-dire au soleil couchant. J'avais vu le moment où nous ne partirions pas ; or la chose eût été grave : il était important qu'on se mît en route ce jour-là, et il n'avait pas été choisi sans intention, car c'était un jeudi, le jour de la semaine le plus favorable, aux yeux des musulmans, pour commencer un voyage. Le mardi est néfaste, et ils n'aiment pas le samedi, parce que c'est le jour des juifs, qu'ils méprisent profondément. Le dimanche et le lundi sont réputés assez bons ; le mercredi est indifférent, et quant au vendredi, qui est leur jour saint, ils partent volontiers après la prière de l'Asr.

La caravane se composait ainsi qu'il suit : moi d'abord, s'il est permis de se nommer le premier, mon compagnon de voyage et M. Dequié, suivis de six domestiques, dont deux Européens, un Belge et notre cuisinier Gasparo ; puis le chérif Hamed avec un de ses parents, ensuite Akhmet Amoudi, le chamelier en chef du Grand-Chérif, et de plus une douzaine d'esclaves ou de domestiques de sa maison, habillés de neuf et armés tous de lances, de poignards, mais sans armes à feu. Nous n'avions pas cru devoir emporter les nôtres, afin qu'une ombre même de défiance n'eût pas l'air de nous avoir traversé l'esprit : l'escorte envoyée par le prince devait suffire, à nos yeux, pour nous protéger; et d'ailleurs, étant ses hôtes, il ne nous était pas permis de supposer seulement que nous pussions faire quelque mauvaise rencontre. Treize chameaux ou dromadaires suffisaient pour tout ce monde, parce que l'escorte marchait à pied et pouvait, au besoin, monter en croupe derrière nos gens.

Le hedjin qu'on m'avait destiné était une des montures favorites du Grand-Chérif, et méritait cette préférence par la douceur de son allure et de son humeur; il se nommait Sihabé, ou La Nuée. Celui de mon compagnon se nommait Im-el-Kassab, mère de la canne à sucre, ne le cédait en rien au mien et avait sur lui l'avantage de mieux voir dans l'obscurité; aussi le prince le montait-il ordinairement la nuit. Nos selles étaient magnifiques, chargées de glands, de pendeloques de toutes couleurs, et d'une si grande profusion d'ornements en soie, en drap brodé d'argent, que l'animal, malgré sa haute stature, en était couvert entièrement. Les deux pommeaux de la selle étaient également en argent, et la bride en cuir artistement tressé. Ainsi montés et escortés avec un chérif en tête, nous avions l'air de vrais Croyants partant pour le pèlerinage. Un enfant rangé sur notre passage pour nous voir défiler s'y trompa. « Vois, dit-il à ses camarades, ils vont à la Mekke. — Allons donc, répondit un marmot plus clairvoyant, ce sont des chrétiens. »

Sortis par la porte de la Mekke, nous traversâmes le camp des Nubiens et le champ de foire établis hors des murs, puis une double rangée d'échopes et de cafés borgnes qui se prolongent des deux côtés de la route l'espace d'un kilomètre. Plusieurs de nos connaissances, M. Cole à cheval, Mustapha-Effendi sur sa mule, les frères Sawa et d'autres encore nous accompagnèrent jusqu'à Reghamé, le premier des onze cafés échelonnés de Djeddah à la Mekke. Nous prîmes là tous ensemble le moka d'adieu, et il était nuit close quand nous nous séparâmes. Nous étions déjà en plein désert, et le sable assoupissait les pas de la caravane, au point que le silence de la nuit n'en était pas troublé. Non moins silencieuses que nous, de longues files de chameaux nous croisaient dans les ténèbres, sans que rien indiquât leur passage. Après quelques milles, on gravit un défilé resserré entre deux montagnes basses, sur le sommet desquelles les étoiles brillaient comme des feux. Au bas du revers opposé est Beiadhié, le second des cafés de la route. Notre intention était de pousser jusqu'au troisième et même au delà ; mais je fus saisi d'un accès de fièvre si soudain, si violent, qu'il me fut impossible d'aller plus loin, et la caravane dut s'arrêter là pour la nuit, non sans que le chérif eût fait poser alentour des sentinelles de sûreté. Nous n'avions pas pris nos tentes ; une natte fixée à quatre perches m'en tint lieu ; je m'y couchai sur mon tapis, assez inquiet du contre-temps, et craignant que mon indisposition n'eût des suites. Les Arabes l'attribuaient à une tasse de café prise immédiatement après une tranche de pastèque, ce que jamais, suivant eux, on ne fait impunément. Que cette cause fût la véritable ou non, la nuit me guérit si bien, que le matin il n'y paraissait plus.

Les dromadaires n'ayant d'autre charge que leurs cavaliers, on fut bientôt prêt à partir, et le soleil en se levant nous trouva partis. La caravane offrait le spectacle le plus pittoresque. Akhmed, le chef des chameliers, ouvrait la marche, monté sur un excellent dromadaire. Venait ensuite Hamed, armé d'une petite baguette recourbée, appelée *metrek*, et qui sert en Arabie à diriger les chameaux de selle. Autrefois les chérifs seuls avaient le droit de la porter. Je me tenais à côté du chérif afin de causer avec lui par l'entremise de M. Dequié, qui lui transmettait mes questions et me traduisait ses réponses. Nos gens suivaient sur leurs chameaux, et les hommes d'escorte allaient à pied en éclaireurs ou en tirailleurs, tantôt d'un côté, tantôt de l'autre. On chemina ainsi plusieurs heures dans une magnifique plaine environnée de montagnes de toutes parts et sans autre végétation que des ronces et quelques buissons d'épines. C'est là qu'était campée la cavalerie de Kurde-Osman-Aga ; nous vîmes de loin blanchir les tentes, et les chevaux paissaient en liberté les broussailles. La caravane avançait tranquillement, sous un beau soleil, quand, sur un signe du chérif, elle se mit au grand trot ; pendant une demi-heure que dura cette course au clocher, on gagna beaucoup de pays. Non moins véloces que les dromadaires, les piétons ne perdirent pas sur eux une semelle. Le chérif ne nous dit point la cause de cette rapide manœuvre, mais je la supposai : dans l'état d'hostilité où vivent les Turcs et les Arabes, et n'ignorant pas la haine que le sandjiak en particulier affichait contre le Grand-Chérif, Hamed pouvait craindre pour lui-même et pour nous quelque insulte de la part des bachi-bouzouks. Mais le mouvement que lui avait dicté la prudence avait été si brusquement exécuté, qu'il pensa m'être funeste ; car, si je n'avais pas eu l'occasion de me familiariser avec le dromadaire pendant le voyage du Sinaï, j'eusse infailliblement mordu la poussière.

Nous arrivâmes, toujours trottant, au café de Haddah, le plus grand des onze et situé à peu près à mi-route entre Djeddah et la Mekke. Il se compose d'un hangar en nattes entouré de quelques autres plus petits, le tout sanctifié par la présence d'une mosquée. Il se trouva là du lait, du riz, même un mouton dont nous fîmes cadeau aux Arabes de notre escorte, et qui fut expédié par eux en un clin d'œil. La chaleur était ardente; nous prîmes à l'ombre des nattes quelques heures de repos, et ne repartîmes qu'après l'Asr.

Nous avions jusqu'à présent marché droit à l'est dans la direction de la Mekke, dont nous suivions la route. Ici on nous la fit quitter, et l'on inclina vers le sud afin d'éviter la ville sainte. Non-seulement il est interdit aux chrétiens d'y pénétrer, mais il ne leur est pas permis de l'entrevoir même à distance. Il fallait donc louvoyer habilement pour nous en dérober la vue. On sait que la même interdiction subsiste pour Médine, et elle est encore plus rigoureuse, parce que la population de cette ville est plus fanatique et plus grossière. On y parle encore avec indignation d'un médecin italien qui, pendant la guerre des Wahabites, y passa quatre mois entiers, sous la protection spéciale de Méhémet-Ali. Des piliers élevés autour de la Mekke, d'espace en espace, marquent la limite de ce sol inviolable et sacré, où il n'est pas non plus permis de répandre le sang des hommes ni des animaux ; la chasse y est défendue, on n'y pourrait tuer un poulet. Telle est la rigueur de la consigne, qu'on ne nous laissa pas seulement apercevoir ces redoutables piliers, de peur qu'un regard furtif n'allât plus loin. Il ne fut cependant pas possible de nous cacher le Mont-de-la-Lumière, Djebel-el-Nour, vaste cône au pied duquel la Mekke est bâtie. Nous l'avions en face de nous, bien digne alors de son nom, car il resplendissait de la lumière du couchant. La vaste et admirable plaine de Moebarreh nous séparait de lui ; des vautours plus heureux que nous la traversaient sur nos têtes et regagnaient la ville, où sans doute étaient leurs aires. Nous n'en étions qu'à une heure tout au plus, et son nom ne fut pas prononcé une seule fois. Au crépuscule on entra dans une seconde plaine, celle d'Okechïé, où la nuit nous prit bientôt. On y marcha deux heures dans une profonde obscurité et dans un silence non moins profond. Personne ne chantait, personne ne parlait, personne ne semblait respirer ; on n'entendait que le craquement des herbes sèches écrasées sous le pied des dromadaires. Tout à coup la caravane s'arrête. On s'était égaré.

La route ordinaire de Djeddah à Taïf passe par la Mekke, et nos Arabes, depuis le chérif jusqu'aux esclaves, n'en avaient jamais suivi d'autre, vu que jamais avant nous ils n'avaient accompagné de chrétiens ni dû par conséquent éviter la ville du Prophète. A force de la vouloir dissimuler à nos yeux, ils avaient dévié du bon chemin, et leurs pieuses circonvolutions nous l'avaient fait perdre. Ils firent de vains efforts pour le retrouver ; il leur fut impossible de s'orienter. Le chérif et le chef des chameliers tinrent alors conseil à voix basse, et aussitôt après le dernier partit de toute la vitesse de son dromadaire, pour aller à la découverte. Nous devions être en ce moment si près de la Mekke qu'il s'y rendit probablement. On mit pied à terre pour l'attendre.

J'ai dit, au commencement de ce chapitre, que ma première impression n'avait pas été favorable au chérif Hamed, et que j'avais mal interprété son silence ; je ne tardai pas à revenir de ce jugement précipité et à me reprocher une prévention tout à fait injuste. Ce que j'avais pris pour de l'orgueil était de la timidité. On ne saurait imaginer les attentions dont il me combla pendant tout le voyage, les soins touchants qu'il m'avait prodigués lors de ma courte indisposition de la soirée précédente, et la sollicitude dont je fus l'objet de sa part ce soir-là, quand nous eûmes perdu notre chemin. Craignant que douze heures de dromadaire ne m'eussent fatigué, l'assurance réitérée du contraire ne parvenait pas à le tranquilliser. Il ne cessait de m'exprimer, dans les termes les plus gracieux et dans le langage le plus choisi, son inquiétude et ses regrets. Il avait pris la bride de mon hedjin et le faisait marcher à côté du sien, de peur qu'il ne déviât dans l'obscurité ; tout cela fait de la manière la plus charmante et avec la courtoisie la plus raffinée.

Il y avait parmi les hommes de l'escorte un grand et beau nègre nommé Abou-Slacé, un esclave de confiance du Grand-Chérif, et qui semblait exercer sur les autres une sorte d'autorité. Il s'était montré pour nous, dès le départ, peu prévenant, fort peu soigneux, et remplissait avec une mauvaise grâce manifeste la mission dont l'avait chargé son maître. Quand nous fûmes égarés, il se répandit en plaintes amères, en récriminations insolentes, disant que son maître en faisait pour nous beaucoup trop ; que nous n'étions, après tout, que des chrétiens et ne méritions pas tant d'honneurs ; que c'était offenser Allah que de traiter si bien des infidèles au berceau même du Prophète, et qu'il s'en vengeait en nous perdant au milieu de la nuit. Le chérif le reprit avec douceur et lui fit sentir l'inconvenance de ses paroles : nous étions, lui dit-il, les hôtes du Grand-Chérif ; ce titre nous donnait droit à son respect, et il manquait gravement à son maître par une conduite si peu conforme à ses intentions. L'hospitalité, ajouta-t-il, est le premier devoir des Arabes envers les étrangers, et le Prophète la recommande envers les infidèles eux-mêmes. Nous venions de bien loin pour visiter leur pays, et, de retour dans notre patrie, quel compte rendrionsnous d'eux à nos compatriotes, si nous ne trouvions pas en Arabie tous les égards qui nous étaient dus? M. Dequié n'avait pas perdu une syllabe de cette conversation, et me la répéta mot pour mot à l'instant même. Abou-Slacé n'en fut pas plus attentif par la suite, mais il fut plus circonspect dans ses paroles et ne se permit à l'avenir aucune sortie semblable.

Akhmed reparut enfin et rapportait apparemment des informations précises, car la caravane reprit sa route sans aucune hésitation. Il lui fallut revenir quelque temps sur ses pas; puis, tournant brusquement au sud, elle gravit une colline escarpée dont les détails m'échappèrent au milieu de la nuit. Une fois au sommet, on aperçut de la lumière dans l'éloignement, on entendit l'aboiement des chiens, et l'on traversa, quelques instants après, un grand troupeau de moutons. Les bergers, dont je ne distinguais que la silhouette noire, vinrent au-devant de nous et saluèrent le chérif avec respect. Ils nous conduisirent près d'un vaste enclos formé de branches entrelacées, où nous fûmes reçus par Tahir-Effendi, un des domestiques du Grand-Chérif; j'emploie ici le mot domestique dans le sens qu'on lui donnait au xviie siècle, pour indiquer une personne libre attachée à la maison d'un prince. Tahir-Effendi était venu de la Mekke dans la journée pour nous recevoir, et notre arrivée tardive le délivra d'une grande inquiétude : il était près de minuit, et il tremblait qu'il ne nous fût arrivé quelque malheur. Je ne fus pas médiocrement surpris en voyant porter à cet employé du prince de la Mekke le costume européen.

Introduit par lui dans le clos de Houssénië, c'est le nom que porte cette propriété rurale ou pastorale du Grand-Chérif, j'assistai à une véritable scène de la vie arabe : solidement fermée de tous les côtés, l'enceinte était à ciel ouvert; le foyer brûlait au milieu, et un immense chaudron de cuivre était posé dessus. Plusieurs serviteurs allaient et venaient, occupés aux soins de la cuisine; les nôtres étaient déjà couchés autour du feu, fatigués d'une journée si laborieuse. Le clos était assez vaste pour contenir tout le monde; les dromadaires seuls étaient restés en dehors. Des branches de bois résineux, allumées en guise de torches, répandaient une forte senteur aromatique et des reflets rougeâtres du plus bel effet. Le souper ne se fit pas attendre longtemps : un gros mouton bouilli tout entier, le mouton de l'hospitalité indigène, fut tiré des profondeurs de la chaudière et placé devant nous sur un madrier creusé en forme de plat; un esclave noir l'ouvrit d'un coup d'yatagan; nos doigts ensuite firent l'office de fourchettes. Chacun, maîtres et gens, eut sa part du banquet. Le repas terminé, on étendit des tapis sur la terre nue; nous

nous y couchâmes tout habillés, et nous endormîmes pêle-mêle à la belle étoile.

Le lever ne fut pas moins pittoresque que le coucher, mais il ne fut pas matinal, et, quoique la toilette de tout le monde fût bientôt faite, le soleil brillait depuis longtemps quand on fut prêt à partir. Plusieurs nègres de la maison, ou, pour mieux dire, de l'enclos, avaient salué notre réveil en frappant sur de petits tambours qu'ils portent toujours avec eux. En face de Houssénië s'élève une montagne, Djebel-Tor, où, accompagné d'Aboubekre son *fidus Achates*, Mahomet se tint caché dans une caverne, pour échapper à la poursuite des Mekkaouis. La légende locale veut que le roi-prophète David soit enterré sur cette montagne, et diverses traditions y sont répandues. Son tombeau, ou ce qu'on appelle de ce nom, a une entrée si étroite, qu'un homme de moyenne taille n'y passe qu'avec peine : ceux qui y parviennent sont assurés de leur salut ; les autres ne verront jamais le paradis. La même superstition s'attache à deux colonnes de la mosquée d'Amrou, au Vieux-Caire ; et le peuple égyptien raconte malignement à ce sujet qu'Abbas-Pacha, ayant voulu tenter l'épreuve, resta si bien pris entre les piliers accusateurs, qu'il ne fut pas facile de l'en arracher ; d'où l'on conclut naturellement qu'il recevrait dans l'autre vie la peine des crimes commis par lui dans celle-ci.

Tahir-Effendi se joignit à la caravane, et, monté sur une mule, comme cela sied à un effendi, nous accompagna jusqu'à Taïf. On marcha d'abord dans une assez large vallée bordée de collines pierreuses et couverte d'un sable très-fin et très-blanc; des touffes d'herbe d'un beau vert en tempéraient l'éclat, et quelques arbres répandaient çà et là une ombre précieuse, car il faisait déjà très-chaud. Des conduits d'eau courante sillonnaient la terre et s'allaient perdre dans un réservoir creusé dans le sable pour la recevoir. Des troupeaux se pressaient alentour et s'y venaient abreuver : c'étaient des chèvres noires à long poil, de très-beaux moutons blancs à oreilles pendantes, des bœufs et des vaches à bosses, beaucoup plus petits que ceux d'Europe. Des enfants presque noirs et absolument nus se roulaient dans le sable au milieu des bêtes. Des bergers tout aussi noirs et presque aussi peu vêtus complétaient, la lance à la main, cette bucolique arabe. Leurs tentes de couleur foncée, comme celles de tous les Bédouins, étaient disséminées en petit nombre au pied des collines. Ces pasteurs errants, venus de l'Est, n'étaient là qu'en passage. Ils nous offrirent du lait, que nous acceptâmes et ne payâmes que d'un : « Merci. » La plus grande injure qu'on puisse faire aux Bédouins est de les traiter en marchands de lait : ils donnent le leur, ils ne le vendent jamais.

Le pays s'ouvre après quelques milles, et un vaste horizon de montagnes se déroule au loin. Il pouvait être midi quand nous atteignîmes le pied du mont Arafat, situé à huit ou dix lieues à l'est de la Mekke, et où se célèbre, ainsi que je l'ai déjà dit, la cérémonie finale du pèlerinage. Deux grands piliers blancs élevés sur le sommet marquent la place où le Khatib de la Mekke, monté sur une chamelle blanche richement caparaçonnée, prononce le discours sacramentel qui termine le pèlerinage, et qu'il faut avoir entendu pour prendre le titre de hadji. Cette Sion de l'Islam, aride et déserte, offre ce jour-là un spectacle admirable. Un immense concours de Croyants s'y réunit à la fois, et les diverses nations musulmanes, Arabes, Turcs, Syriens, Persans, Indiens, Égyptiens, Mogrébins, Soudaniens même, ont chacune son camp séparé. Les Européens qui ont pu contempler ce grand spectacle affirment tous que rien n'en saurait donner l'idée. Ce mont sacré est sur le territoire de la tribu des Béni-Koreïsch, qui tire un grand lustre de cette circonstance et passe pour une des plus nobles de toute l'Arabie, quoiqu'elle soit aujourd'hui réduite à trois cents mousquets. Admirez l'inconséquence! Les musulmans, qui ne souffrent pas qu'un chrétien entrevoie seulement la pointe d'un minaret de la Mekke, le laissent gravir librement l'Arafat et l'explorer tout à son aise. Ayant signalé cette contradiction au chérif Hamed, il évita de me comprendre, et s'écria pour toute réponse : « Allah est grand, et Mahomet est le prophète d'Allah ! » Un tel argument ne souffrait pas de réplique.

Un courant d'eau fraîche et limpide, trésor inappréciable dans ce désert, coule au bas de la montagne et se rend à la Mekke par un canal couvert et construit en maçonnerie. On fait honneur de ce travail à la sultane Zubéida, l'une des femmes du calife Haroun-al-Rachid. Ayant dépassé la cité sainte, nous lui tournions maintenant le dos. Il y a des cafés de ce côté de la ville comme de l'autre. Après une courte halte à celui d'Arafat, situé au pied de la montagne dont il prend le nom, et où, chose rare, nous avions trouvé du laitage, nous poursuivîmes notre route à travers l'ouadi Noman, vallée sablonneuse et très-chaude, clair-semée d'arbustes épineux et d'une fort belle plante à feuilles épaisses, haute de six à huit pieds, et qui porte une superbe fleur blanche et violette dont les pétales ont la douceur du velours. La tige, en se cassant, laisse échapper un lait qui passe, dans le pays, pour ôter la vue. J'ai oublié le nom que les Arabes donnent à cette plante; dans le Soudan, où elle est très-commune, on l'appelle *ochar*. Une hyène de la grande espèce, tapie derrière un buisson, s'enfuit à notre approche, et parut longtemps comme un point noir sur le sable étincelant du désert. On fit une seconde halte et une station prolongée au café de Chaddad, établi au pied du mont Karah, que nous avions eu devant nous toute la matinée et qu'il nous fallait maintenant traverser. Nous devions pour cela quitter les dromadaires, qu'on n'emploie pas au passage des montagnes, et qui, en effet, n'y sont pas propres. Les nôtres devaient regagner Taïf en faisant un long détour. Le Grand-Chérif nous avait envoyé, pour les remplacer, une quinzaine de mules qui nous attendaient au café. Pendant qu'on les préparait, des flots de sorbets circulaient à la ronde dans d'énormes sébilles de bois.

Le bruit de notre arrivée avait attiré des Bédouins du voisinage. Tous étaient vêtus d'une longue chemise bleue, serrée à la taille par une tresse de cuir qui fait douze ou quinze fois le tour du corps, et portaient en outre un baudrier chargé de petites plaques d'argent disposées les unes sur les autres en écailles de poisson. Le poignard recourbé, nommé par eux *djaubié*, était passé dans leur ceinture, et ils tenaient à la main de jolies lances dont le fer est très-long, très-effilé, très-poli, et la hampe entourée d'un fil d'archal artistement enroulé. Quelques-uns avaient des fusils à mèche, dont la crosse carrée était incrustée d'ivoire. Leur tête était couverte d'un keffieh bleu sur lequel reposait une couronne noire faite d'un mélange de cire, de beurre, de résine pétris ensemble, et dont le bord extérieur est orné de losanges en nacre. Tous ces hommes étaient grands et dégagés, avec les traits réguliers, la peau très-brune, et parmi eux se trouvaient de jeunes garçons de dix à douze ans, habillés, armés déjà comme les hommes, et d'une beauté accomplie. Je fus frappé des manières fières et en même temps polies des hommes aussi bien que des enfants : ils nous entouraient sans familiarité, nous parlaient sans embarras. On sentait en eux une indépendance, une dignité, et je ne sais quelle noblesse natives que nul contact étranger n'est venu altérer au fond de leurs déserts. On ne saurait se représenter un tableau plus pittoresque, un spectacle plus attachant et plus inattendu. C'étaient les premiers Bédouins que je voyais dans leur véritable milieu, et je conçus dès lors pour eux une estime, une sympathie qu'une plus longue expérience n'a fait qu'augmenter.

Une tribu du voisinage en allant vers le sud, et dont je regrette d'avoir oublié le nom, a la prétention justifiée de parler le meilleur arabe de toute l'Arabie.

Après avoir, à mon grand regret, échangé mon beau dromadaire contre une mule, ma selle de soie et d'argent contre une en cuir qui tenait beaucoup du bât, je me remis en route assez tard. Le terrain n'était déjà plus le même : au sable mouvant avait succédé un sol dur et rocailleux, où le pas des mules rendait un son métallique. Après un mille au plus, fait encore en plaine, on entre dans une gorge assez large d'abord, mais qui va bientôt en se rétrécissant et s'élève par degrés. De grands bancs de schiste porphyritique s'étendent d'un côté et de l'autre en couches horizontales. Le mont Karah, dont nous gravissions alors les premières pentes, dressait devant nous, comme pour nous défier, ses flancs crevassés, déchirés, ses crêtes nues, taillées en dômes et en aiguilles. Les montagnes de première création revêtent des formes beaucoup plus fières, beaucoup plus âpres que celles des époques postérieures. Squelettes du monde primitif, elles ont été, on le voit, agitées, tourmentées par des convulsions profondes, et dévastées par des révolutons effroyables. Tel est le caractère du mont Karah, masse granitique surgie au commencement, comme le mont Sinaï, des entrailles du globe. Le soleil, en se couchant, l'embrasa tout entier, et de brusques tons or et noir, d'un effet magique, en mirent toutes les saillies dans un relief encore plus frappant. Ce moment fut court, mais sublime. Le crépuscule envahissait déjà les parties basses, lorsqu'en me retournant je vis, bien loin derrière moi, une autre montagne isolée, immense, teinte encore jusqu'à sa base d'un rose très-vif. Cette montagne, nommée Kabkab, est une des plus hautes de tout le Hedjaz.

La nuit vint jeter trop tôt son crêpe sur ce paysage

radieux, et nous prit dans la partie la plus âpre, la plus sauvage du défilé où nous étions engagés ; il était devenu si étroit qu'il n'y pouvait passer qu'une mule de front, et si escarpé qu'on n'avançait que très-lentement. Il y avait de fort mauvais pas, rendus plus mauvais encore par l'obscurité. Nous atteignîmes néanmoins sans accident le café de Kour, une assez grande enceinte, en pierre sèche, au milieu de laquelle brûlait le foyer comme à Houssénië ; mais sur ce foyer point de marmite, et partant point de souper. Le chérif avait donné cependant des ordres pour que nous en trouvassions un ; mais, soit que le message eût été mal rempli ou ne l'eût pas été du tout, on ne nous avait pas préparé le plus petit mouton. J'ai toujours soupçonné le nègre Abou-Slacé de nous avoir servi ce plat de sa façon. Gasparo, qui, depuis Djeddah, n'avait eu qu'à se croiser les bras, dut ici rentrer dans l'exercice de ses fonctions, ce qui, à la vérité, ne lui donna pas grand'peine, attendu qu'il fallut nous contenter de lait et de riz. Après ce repas d'anachorètes, chacun s'alla coucher sur son tapis, sous le dais étoilé du ciel.

Étant arrivé à Kour pendant la nuit, je n'avais pu me rendre compte du lieu où nous nous trouvions. Le matin je vis que nous étions au fond d'un entonnoir évasé, dont les parois étaient à pic et les bords dentelés d'aiguilles plus ou moins aiguës.

Leurs pointes, quand nous partîmes, s'allumaient l'une après l'autre, suivant leur hauteur, au feu du levant, et quelques courants de lumière glissaient déjà le long des arêtes supérieures ; mais nous étions encore plongés dans les brumes du crépuscule, et il nous fallut plusieurs heures pour atteindre les régions éclairées par le soleil. Loin de nous en plaindre, nous dûmes bien plutôt nous en féliciter, car la montée est très-pénible, et elle l'aurait été bien davantage si nous ne l'avions pas faite par la fraîcheur. C'est ce que le chérif Hamed avait exactement calculé. Quoique moins grandiose et moins terrible que le Sinaï, le Karah le rappelle par l'aspérité de ses lignes et par son aridité. Il a dû, comme lui, être profondément bouleversé ; les larges déchirures qui le sillonnent et les décombres dont il est jonché sont des monuments sans réplique des commotions violentes qui l'ont ravagé. Je n'ai pas découvert un seul arbre dans toute son étendue ; quelques arbustes épineux et des touffes de cyprès nain se font seuls jour de loin en loin à travers les rochers.

Le sentier est partout rapide, et si roide en quelques endroits, que, vu d'en bas, il paraît complétement inaccessible ; on en vient à bout, toutefois, grâce au pied sûr des mules, et l'on comprend que les chameaux ne s'en tireraient pas. Pendant la guerre des Wahabites, l'artillerie de Méhémet-Ali a pourtant escaladé ces pentes abruptes, et le chemin actuel porte encore les traces de quelques travaux faits à cette époque pour le rendre plus praticable. Il avait même été pavé sur quelques points, ce qui ne fait que le rendre aujourd'hui plus difficile : car déchaussés par le temps, par les pluies, et jamais réparés, les pavés d'alors sont aujourd'hui des cailloux roulants et comme des chausse-trapes semées à dessein sous les pieds des montures. Les difficultés sont parfois telles, qu'il fallait mettre pied à terre, et que, même allégées de tout fardeau, les mules, cramponnées au sol, glissaient en arrière et auraient inévitablement roulé dans les précipices, si les muletiers ne les eussent retenues et souvent portées. Pendant ce temps, les Arabes de l'escorte, à pied et sans chaussure, volaient de roc en roc comme des chamois, et nous auraient laissés bien loin derrière eux s'ils n'eussent fait de fréquentes poses pour nous attendre. Assis ou debout sur la pointe des rochers, ils animaient ce paysage austère et n'en composaient pas le trait le moins original.

Après deux ou trois heures de cette ascension laborieuse, on trouve, par forme de compensation et comme un dédommagement bien dû à tant de fatigues, une source délicieuse abritée sous de gros blocs de granit et environnée de menthe, d'absinthe, de lavande et d'autres plantes aromatiques.

Nous ayant, contre sa coutume, devancés d'une centaine de pas, le chérif nous avait fait préparer là, avec cette grâce qu'il mettait dans tout, une collation rustique dont l'eau fraîche et limpide de la source fut le digne assaisonnement. De ce point la vue plonge, en se reportant en arrière, sur l'immense abîme de pierre du sein duquel on arrive et dont l'œil mesure avec effroi toute la profondeur : ce ne sont partout que pics décharnés, précipices incommensurables, escarpements prodigieux. Un vaste silence plane sur cette redoutable nature ; le cri lointain de quelques bergers invisibles en éveillait seul en ce moment les échos. Bien loin, vers l'ouest, et par delà tous ces pics, tous ces abîmes, se développait dans sa majesté, dans son isolement, ce magnifique mont Kabkab, qui, la veille au soir, m'était apparu teint d'un si beau rose. Il était alors d'un bleu chatoyant, plus foncé que le ciel, et se dressait à l'horizon comme une muraille d'acier bruni. Le Kabkab est célèbre, dans cette partie de l'Arabie, par la quantité de léopards qui le peuplent, et qui souvent descendent dans la plaine pour attaquer les chameaux.

Le Karah est habité par des hôtes plus pacifiques, je veux dire par des singes. Tous ceux qu'on peut prendre sont portés à la Mekke, d'où les pèlerins les emmènent avec eux soit à Damas, soit au Caire, où j'en avais vu arriver plusieurs au retour du dernier pèlerinage. En revanche, je n'en découvris pas un seul à l'état libre et sauvage. On raconte à leur sujet une histoire plus ou moins authentique et qui amuse beaucoup les Arabes. Un marchand de tarbouschs, ayant eu sa marchandise mouillée par un orage, l'étendit au soleil pour la faire sécher; aussitôt les singes d'accourir de tous les points de la montagne; et qui fut bien étonné? ce fut le marchand en les voyant gambader autour de lui coiffés chacun d'un de ses tarbouschs. Une facétie toute pareille court les ports de mer européens, à cette variante près, que les tarbouschs sont des bonnets de coton.

De la source au point culminant du Karah, le sentier est encore, s'il est possible, plus escarpé et plus périlleux. Enfin, après trois ou quatre heures de ce rude exercice, nous atteignîmes le sommet de la montagne et en même temps le soleil, dont nous avions été abrités jusque-là par la montagne elle-même. La première chose qui frappe la vue est un grand bassin d'eau limpide au bord duquel nous attendait une nouvelle surprise, un nouvel honneur. Un chérif de l'endroit, monté sur un dromadaire blanc, était là pour nous recevoir; un autre chérif, nommé Sélim, monté sur une jument blanche, nous y attendait également, envoyé de Taïf par le Grand-Chérif pour nous complimenter. Autour d'eux étaient groupés une soixantaine de Bédouins, de la vaillante tribu des Hodheïl, exactement vêtus comme ceux de Chaddad, et armés aussi de poignards, de lances et de fusils à mèche. Ils passent pour les meilleurs tireurs de tous ces déserts. Ils se rangèrent sur notre passage avec le respect dû aux hôtes de leur prince, mais sans ordre, sans discipline, et comme obéissant chacun à son inspiration, à sa volonté personnelles. Tout cela se passa dans le plus profond silence : les Bédouins ne poussèrent pas un cri ; les deux chérifs ne prononcèrent pas un mot ; ils se contentèrent de nous adresser le salut des Orientaux en portant leur main droite à la poitrine, puis à la bouche, puis au front. Nous les saluâmes de la même manière ; après quoi ils nous conduisirent, accompagnés des soixante Bédouins, à une maison voisine préparée pour nous.

Le lieu s'appelle Hada, et la maison a été bâtie, ou du moins occupée par un renégat moscovite, sur lequel je ne pus obtenir aucun renseignement. Plus tard, j'appris par hasard au Caire, d'un Grec qui l'avait connu, que c'était un ancien officier de la garde, compromis dans l'émeute militaire de 1825, lors de l'avénement de l'empereur Nicolas. Étant parvenu à s'échapper, il s'était réfugié à Constantinople ; mais là, réclamé impérativement par l'ambassadeur de Russie, et craignant que le faible Divan ne cédât aux injonctions réitérées de son puissant voisin, il s'était fait musulman, pour se soustraire à la vengeance du czar. Devenu inviolable par son apostasie, il s'était établi dans le Hedjaz, où il avait longtemps vécu, et avait fini ses jours dans l'Asie Mineure.

Quoique habitée par un Européen, cette maison ne rappelle en rien l'Europe : elle est carrée, fort petite, construite en pierres brutes, terminée en terrasse et entourée de plusieurs cours sur lesquelles donnent les appartements. La pièce principale du rez-de-chaussée avait été couverte de tapis à notre intention, et j'y trouvai quelques heures de fraîcheur, sinon de repos; car on devine le mouvement, la confusion d'une si étroite habitation, envahie à la fois par près de cent hommes armés. Ils n'avaient pu tous entrer, et beaucoup étaient restés dehors, couchés par terre ou accroupis sur les talons le long des murs. Les autres encombraient les cours sans pénétrer dans l'intérieur. Tout ce monde but et mangea tant bien que mal. Quant à nous, on nous servit d'abord du lait aigre ou *leben*, dont les Arabes font grand usage, et qui passe pour très-sain dans ces climats. Deux heures après, on nous apporta une montagne de riz surmontée d'un énorme mouton rôti. Deux esclaves pliaient sous le faix, et le déposèrent à nos pieds. Nous invitâmes les deux chérifs à partager notre repas, et nous voilà tous assis en cercle et les jambes croisées autour de cette monstrueuse gamelle : nous étions sept, nous avions bon appétit, et, après l'avoir satisfait tous les sept, la brèche paraissait à peine. Les reliefs du festin passèrent à qui de droit.

Il était près de trois heures lorsqu'on songea au départ; il en fallait quatre au moins pour gagner Taïf. Le chérif de la montagne et ses Bédouins ne nous accompagnèrent pas. Les adieux se firent de part et d'autre avec le cérémonial et le silence qui avaient présidé à l'arrivée. Chérif Sélim se joignit seul à nous, comme Tahir-Effendi l'avait fait la veille à Houssénïé : monté sur sa jument blanche, il prit la tête de la ligne, et nous édifia pendant la route par sa piété. Au coucher du soleil et deux heures après, c'est-à-dire au Mogreb et à l'Achia, il mit pied à terre, étendit son tapis au bord du chemin, s'agenouilla dessus, la face tournée du côté de la Mekke, et fit ponctuellement ses deux prières. A défaut d'eau, il fit ses ablutions avec du sable, comme le Koran y autorise les habitants du désert.

Le sommet du mont Karah est un plateau uni, hérissé, de distance en distance, de pyramides granitiques si nettes, si régulières, qu'on les dirait taillées par la main de l'homme. Des champs d'orge et de blé apparaissent de loin en loin; les arbres fruitiers de nos climats, notamment l'abricotier, le pêcher, l'amandier, y sont très-communs et y prospèrent ; mais on y chercherait en vain un dattier, un oranger : le Karah est trop élevé pour eux. La vigne pourtant y donne de bons et beaux raisins. Notre baromètre s'étant dérangé pendant le voyage, il ne me fut pas possible de déterminer à quelle hauteur de la mer nous nous trouvions ; mais, d'après la longue et rude ascension que nous avions dû faire, je ne crois pas exagérer en portant à seize ou dix-sept cents mètres l'élévation de ce point ; ce qui lui assure, à cette latitude, la température modérée de nos pays : aussi les habitants de la Mekke y viennent-ils, pendant l'été, chercher la verdure et la fraîcheur. Je lui ai trouvé une ressemblance frappante avec certaines parties intermédiaires des Alpes, du Faucigny, et avec le Grand-Rocher d'Italie, dans l'Abruzze.

On marche en plaine pendant quelque temps, puis le plateau s'ondule et s'accidente de plus en plus ; la terre végétale disparaît pour faire place au sable ; sauf quelques touffes d'herbe qui y pointent avec effort, et que broutaient alors des moutons chétifs, la végétation finit par cesser entièrement. De grandes masses granitiques entassées les unes par-dessus les autres annoncent la fin du terrain plat, et l'on commence à descendre ; mais, à l'exception de quelques pentes un peu roides, de quelques passages un peu difficiles, ce revers n'a aucun rapport avec le revers opposé, et, comparé à lui, peut passer pour un plan incliné. Les dromadaires se seraient retrouvés là sur leur terrain. Une première descente est suivie d'un long défilé sablonneux, parfaitement uni, resserré entre deux collines basses, et au bout duquel s'élève un château ruiné, destiné jadis à protéger les caravanes. Il ne sert plus aujourd'hui qu'à la décoration du paysage et aux oiseaux de proie qui y cachent leurs aires. Jusqu'ici l'horizon avait été fermé ; il s'ouvrit brusquement, comme par un coup de baguette. Une immense plaine circulaire se déroula devant nous, mais plus bas que nous, environnée de tous les côtés par l'aride chaîne des monts Ghazouan, de hauteur à peu près égale, mais variés dans leurs formes, et tous revêtus alors de la pourpre du soir. Quelque chose de blanc apparaissait au milieu de la plaine : c'était Taïf.

Une seconde descente, plus douce et plus courte que la première, conduit dans la vallée de la Corne, ouadi Karn, tout émaillée de vergers, toute sillonnée de courants d'eau, et où de nombreuses sakies annoncent un peuple industrieux. Nous avions toute la soirée rencontré beaucoup d'Arabes armés dans la montagne ; nous en rencontrâmes encore plus dans la vallée, mais sans armes, et pacifiquement occupés à tirer de l'eau pour arroser leurs jardins ou pour abreuver leurs troupeaux. Tous quittaient l'ouvrage à notre approche; tous venaient saluer les deux chérifs et nous-mêmes par contre-coup. Ces rustiques Bédouins, plus noirs encore que ceux de Hada et de Chaddad, avaient la tête nue; une courte chemise de toile grossière était leur unique vêtement. Tout accusait chez eux une vie champêtre et laborieuse, une grande douceur, une grande simplicité de mœurs et d'habitudes. Il y avait dans leurs yeux, en nous voyant passer, de l'étonnement, de la curiosité quelquefois, mais point de malveillance, encore moins d'hostilité, et pas l'ombre de fanatisme.

A partir de là, on n'eut plus à descendre; à peine le chemin s'ondule-t-il encore dans quelques endroits, mais il est très-mou : l'étroit sabot des mules entrait tout entier dans le sable, et notre marche en était fort ralentie. Une nuit profonde, quoique étoilée, nous enveloppa bientôt; quelques buissons épineux clair-semés autour de nous prenaient au passage, dans leurs pointes acérées, nos burnous et nos abbayas. Enfin nous arrivâmes sous les murs de Taïf; il était sept heures; la porte était close, mais elle s'ouvrit à l'instant même et comme par enchantement, car personne ne parut. Chérif Sélim entra le premier et fut notre introducteur. Le corps de garde turc, composé d'une dizaine de fantassins de ligne, avait pris les armes et nous les présenta quand nous passâmes. Dès que tout le monde fut entré, la porte roula de nouveau sur ses gonds, et se referma comme elle s'était ouverte. J'ai oublié de dire qu'à un mille environ de la ville, Tahir-Effendi avait pris les devants pour aller annoncer au Grand-Chérif notre heureuse arrivée et pour veiller, sans doute, à ce que les choses se passassent convenablement. On vient de voir qu'elles s'étaient bien passées ; on verra dans le chapitre suivant qu'elles se passèrent encore mieux dans la suite.

X

Taïf.

Après avoir traversé une partie de la ville plongée dans le silence et l'obscurité, Chérif Sélim nous conduisit directement à la maison qui nous était destinée : des torches brillaient à la porte, et outre un cawas ou janissaire, muni d'une longue canne à pomme d'argent comme les suisses des églises ou des hôtels, on y avait placé une garde d'honneur formée de nègres de la maison du prince, vêtus, équipés et armés comme les hommes de notre escorte. Quand nous mîmes pied à terre, Ibrahim-Aga, trésorier du Grand-Chérif, vint nous recevoir de sa part jusque dans la rue, et nous introduisit dans un salon de plain-pied ouvrant sur la cour, et qui n'en était pour ainsi dire que le prolongement; il ne s'en distinguait que parce qu'il était couvert, et plus élevé de quelques marches. La cour, pavée de grandes dalles, avait au milieu un bassin de marbre blanc, animé d'un jet d'eau; une vigne grimpait le long des murs.

Le salon était garni d'un beau tapis rouge et noir; des divans de soie verte brodée en fil d'or régnaient tout autour. Quatre lampes allumées pendaient au plafond, et deux énormes candélabres, hauts de huit à dix pieds, étincelaient de bougies. Deux noirs, richement habillés, balançaient gravement des encensoirs pleins de parfums, et nous enveloppèrent, quand nous entrâmes, d'un nuage embaumé ; ce qui ne se pratique qu'à l'égard des personnages considérables. Des fauteuils européens avaient été disposés pour nous. J'étais à peine assis sur le mien, que deux esclaves apportèrent l'*abrik*, ustensile à laver : tandis que l'un d'eux me versait, d'un vase élégant, de l'eau tiède sur les mains, l'autre, agenouillé à mes pieds, tenait devant moi une large aiguière à double fond, surmontée au centre d'une petite coupe pour poser le savon; le premier fond est percé de trous d'écumoire, pour laisser fuir et disparaître l'eau dans l'intérieur. On me présenta ensuite, pour m'essuyer, une longue serviette en toile, ornée de franges et bordée en or aux deux extrémités. Ces divers objets, aiguière, vase, encensoirs, candélabres et lampes, étaient tous en argent massif artistement ciselé, et sortaient, comme tout le reste, de la maison du prince.

Quand on nous jugea suffisamment reposés, une porte s'ouvrit au fond du salon et laissa voir une table servie à l'européenne avec des assiettes, des couverts, des couteaux, des siéges alentour, toutes choses inconnues en Orient, où l'on mange assis par terre, et où les doigts des convives font l'office de tout le reste. Les fourchettes étaient en fer à manche d'ivoire, et les cuillers en écaille incrustée d'arabesques d'or. Le souper était entièrement composé de mets indigènes. D'abord parut l'agneau sacramentel de l'hospitalité, rempli de riz, d'amandes et de pistaches. Vinrent ensuite des feuilles de vigne farcies, des *kebab*, petits carrés de viande rôtis à la brochette, des gelées à la rose faites avec de la poitrine de poulet ou de mouton, puis une grande variété de pâtisseries nommées *foutir*. J'en passe et des meilleurs; tout cela assaisonné de fines herbes hachées dans le vinaigre et d'une sauce à la crème relevée de poivre, malgré l'horreur de Bedreddin-Hassan, le fameux pâtissier des *Mille et une Nuits*, pour un pareil mélange. Le pilau marque la fin du repas, servi avec beaucoup de précipitation. Un échanson armé d'un goulet, ou plutôt koulé, plein d'eau fraîche, le fait circuler dans une tasse d'argent qui sert à tout le monde. Il va sans dire que le vin ne parut pas; mais connaissant l'habitude des chrétiens, on nous fit dire obligeamment de ne pas nous gêner si nous en avions apporté. Nous avions pris en effet cette précaution ; toutefois nous n'en usâmes, par égard pour nos hôtes, que dans notre appartement particulier, et jamais en leur présence. Le souper terminé, on repassa dans le salon, pour prendre le café et pour fumer. Vers dix heures, on nous conduisit dans le harem situé au premier étage et où l'on nous avait dressé, par un excès d'attention, des lits européens. Les femmes l'avaient quitté dans la journée pour nous céder la place, et, quoique absentes, tout y rappelait encore leur présence.

Cette maison, la plus belle de la ville, appartenait à un riche négociant d'origine indienne, Mohammed Saïd Chams, dont les affaires étaient à la Mekke, mais qui habitait alors Taïf. Il l'avait prêtée pour nous au Grand-Chérif, et s'était retiré dans une autre avec toute sa famille, composée de trois générations, son fils Abdallah et son petit-fils Abd-el-Kader, qui me rappela par son âge, sa figure et son costume, un autre jeune homme du même nom, le fils de Farradj Iousef de Djeddah, Indien comme lui. Ce nom d'Abd-el-Kader, devenu célèbre en France, est celui d'un grand saint musulman, et il est très-commun dans tout l'Orient. Les trois générations étaient réunies à notre arrivée, mais le fils seul accepta notre invitation à souper. Le grand-père, à cause de son âge avancé, et le petit-fils, à cause de sa jeunesse, se retirèrent de bonne heure tous les deux. Chérif Hamed soupa avec nous; mais Chérif Sélim, sa mission remplie, nous avait demandé la permission de s'aller reposer chez lui. A l'exception d'un ou deux domestiques qui étaient de la maison, tous les autres venaient de celle du prince, qui nous avait cédé son propre cuisinier et s'en priva pendant notre séjour à Taïf : c'était un artiste consommé, originaire de Constantinople, et Gasparo reçut de lui des recettes indigènes dont nous profitâmes pendant le reste du voyage. Notre table fut servie tous les jours comme le premier.

Le lendemain on vint prendre nos ordres pour déjeuner, absolument comme si nous eussions été chez nous et servis par nos propres gens. Sur notre réponse que le matin nous mangions peu, on nous servit, sur des assiettes de poupée, une collation légère, du beurre excellent, un fromage frais assez fade, des fruits, des olives, du miel exquis et des confitures de toute espèce, confectionnées dans le harem du Grand-Chérif et par ses femmes. Les esclaves de l'Orient, principalement les Abyssiniennes, sont très-habiles sur ce point, et leurs maîtresses président d'ordinaire à ces soins importants. C'est une de leurs manières les plus innocentes de passer le temps, et une affaire d'État pour ces dames oisives. Les harems rivalisent à cet égard avec certains couvents d'Italie, dont les religieuses font preuve en ce genre de talents transcendants et jouissent d'une célébrité méritée. Celles entre autres de la Martorana, à Palerme, laissent de doux souvenirs dans la mémoire de tous les voyageurs. Les moines ont aussi leur spécialité, et beaucoup fabriquent, comme ceux de la Grande-Chartreuse de Grenoble, des rosolios inimitables.

Le Grand-Chérif habitait, à une demi-heure de la ville, un palais qu'il s'est fait construire en plein désert et qu'il ne quittait guère. Il nous envoya des chevaux pour nous y conduire. Le mien, nommé Assir, du nom de son pays, était un superbe étalon noir et plein de feu, plein d'ardeur et si doux, comme tous les chevaux arabes, qu'un enfant l'aurait monté. La selle, en drap bleu brodé en or fin, à la mode de Constantinople, était d'une magnificence vraiment princière et d'un prix considérable. Le cawas ouvrait le cortége avec sa longue canne à pomme d'argent, et une nombreuse garde à cheval et à pied nous accompagnait. Le saïs du prince marchait devant moi dans son habit de cérémonie. Le saïs arabe est un palefrenier d'un rang supérieur, et dont la principale fonction consiste à courir à pied devant le cheval ou le dromadaire de son maître ; quelque rapide que soit leur allure, il met son honneur à n'être jamais dépassé par eux. Celui-ci courait des jours entiers devant le hedjin du prince. La vigueur de ces hommes est extraordinaire ; ils ont des jarrets et des poumons d'acier. On cite comme un exemple de force et de célérité un saïs de Méhémet-Ali qui fit d'une seule traite, et courant toujours devant le dromadaire du pacha, la route du Caire à Suez. Il est vrai qu'il tomba mort en arrivant.

Nous traversâmes le bazar, où nous fûmes naturellement l'objet de la curiosité générale. A l'exception d'un consul de France malade, venu à Taïf pour s'y rétablir, sur l'invitation du Grand-Chérif, nous étions les premiers Européens qu'on y vît paraître ouvertement. Au temps de la guerre des Wahabites il s'en trouvait bon nombre, médecins ou autres, au service du pacha d'Égypte, et leurs divers emplois en amenèrent ici plusieurs à cette époque ; mais ils portaient l'uniforme des Osmanlis et se confondaient avec eux. Quant à moi, je dissimulais si peu ma qualité de chrétien, qu'au tarbousch près, j'avais conservé le costume européen ; seulement j'avais mis par-dessus, afin de paraître plus étoffé, un ample abbaya noir dont j'avais fait l'emplette à Djeddah. Nous sortîmes de la ville par la porte appelée Bab-el-Rio, où le poste turc nous rendit les honneurs militaires, comme à notre arrivée. A peine hors des murs, on marche dans les décombres d'un ancien faubourg détruit et jamais rebâti, puis le désert commence. Une mosquée isolée et surmontée d'un minaret blanc s'élève seule au bord du chemin.

Le palais du chérif a peu d'apparence et n'offre à l'œil aucune symétrie. Il n'est ni imposant ni élégant. Ce n'est qu'un assemblage confus de constructions irrégulières, bâties sans plan les unes à côté des autres, mais réunies pourtant dans une enceinte commune. L'intérieur doit être vaste, à en juger par le grand nombre d'habitants qu'il renferme. Le prince n'a qu'une seule femme légitime, comme c'est la mode aujourd'hui parmi les musulmans; mais son harem est peuplé d'une soixantaine d'esclaves noires ou blanches. Il n'a guère moins de domestiques mâles, sans compter une centaine d'esclaves nègres, eunuques ou autres, affectés à différentes fonctions. J'ignore le nombre de ses enfants; je n'ai fait qu'entrevoir un seul de ses fils, alors âgé de dix à douze ans, mort depuis, et qui était vêtu d'une robe de soie jaune. Sa fortune est énorme, car il a recueilli toute celle de son père Ghaleb : on prétend qu'il a en coffre cent millions de notre monnaie. De plus il recevait de Constantinople un traitement annuel qui, tout compris, dépassait 400 000 francs. En rebâtissant le palais de son père, détruit par

Méhémet-Ali, il a découvert un puits rempli d'or enfoui là par son grand-père Chérif Mesa'ad.

A notre arrivée au palais, plus de trois cents Bédouins s'y trouvaient rassemblés, tous couverts de la chemise bleue, qui est leur unique vêtement, et qui, chez la plupart, était rehaussée par une écharpe écarlate jetée sur l'épaule. Leurs ceintures de cuir, leurs baudriers à plaque d'argent, leurs couronnes ornées de nacre, étaient de tout point semblables à ceux des Hodhéïls du mont Karah, et ils portaient comme eux des poignards recourbés, des lances, des fusils à mèche. Tous avaient les jambes nues et assez grêles, mais ils étaient généralement d'une stature élancée, bien découplés, taillés pour la marche et pour la fatigue. Il se trouvait parmi eux beaucoup de nègres, et il ne fallait rien moins que le voisinage de ces visages d'ébène pour empêcher ces Arabes de paraître eux-mêmes tout à fait noirs. Cette armée bigarrée, réunie là en notre honneur, se rangea sur notre passage, non avec l'ordre de troupes régulières, mais avec la confusion d'hommes sans discipline. Nous leur rendîmes le salut à la manière du pays, sans porter la main jusqu'à la tête, parce qu'une telle distinction n'est due qu'aux supérieurs ou aux égaux qu'on veut honorer. En Arabie, comme dans le reste de l'Orient, tout est réglé, fixé d'avance, tout est consacré par la coutume, et les moindres actes de la vie ont des nuances qu'il faut saisir pour s'y conformer.

On monte au palais par un petit perron de sept ou huit marches, au pied duquel nous fûmes reçus par Ibraïm-Aga, que nous connaissions déjà, par le majordome et les autres officiers de la maison du prince. Nous retrouvâmes parmi eux notre vieil ami Tahir-Effendi, dont le costume européen contrastait d'une manière peu avantageuse avec les robes flottantes et les justaucorps éclatants que portaient tous les autres.

L'antichambre était pleine de domestiques; nous y déposâmes nos chaussures, comme l'exigeait la politesse. Sur ce point l'étiquette orientale est régie par des lois absolument contraires aux nôtres : un homme qui, en Orient, se présenterait avec ses souliers aux pieds et la tête nue produirait le même effet que, si en Europe, il entrait dans un salon les pieds nus et le chapeau sur la tête. Mais en ceci je donne raison aux Occidentaux, qui découvrent la partie noble de leur personne et en cachent la partie basse.

On nous introduisit dans un petit salon assez simple, dont le plafond était peint et les parois entièrement nues. Accroché à la muraille comme un tableau, un très-beau sabre turc enrichi de pierres précieuses, et donné au chérif par le Sultan, en formait l'unique ornement. Le tapis était riche, et les divans de soie verte brodée en fil d'or, comme ceux de la maison occupée par nous, lesquels évidemment avaient la même origine. Le prince n'était pas dans le salon quand nous y entrâmes, et voici pourquoi. En sa qualité de Grand-Chérif Émir de la Mekke, il ne se lève pour personne, si ce n'est pour le Grand-Seigneur, qui de son côté se lève pour lui. Veut-il honorer une personne qui lui rend visite? Le chérif a l'attention de ne point se trouver dans le salon où le visiteur est introduit, afin de ne pas le recevoir assis ; il n'y entre qu'après lui, satisfaisant par ce moyen à la politesse, tout en maintenant son privilége. Ainsi en usa-t-il avec nous. Après quelques secondes, il sortit d'une pièce contiguë, accompagné de plusieurs chérifs qui s'assirent ainsi que nous, et le prince lui-même, sur des fauteuils européens, quelque peu déplacés, je l'avoue, en pareil lieu. En Orient, le début d'une visite est toujours silencieux. On entre, on s'assied, on salue, tout cela sans mot dire, et, le café pris, mais pas avant, on entame la conversation par des compliments réciproques, toujours les mêmes, et dont on ne saurait se dispenser sans manquer à la civilité. Ce premier chapitre épuisé, les chérifs se retirèrent, et nous restâmes seuls avec le Grand-Chérif, fumant tous dans de longues pipes à bout d'ambre, qu'on avait apportées après le café, sans préjudice des sucreries qui le suivirent et circulèrent pendant toute la visite.

Husséïn Abdel Muttaleb, le Grand-Chérif, fils de Ghaleb, est un beau vieillard de soixante ans, grand, mince, noble de manières, distingué dans toute sa personne. Il a la peau très-brune, presque noire, l'œil vif, le nez droit, la barbe rare, la physionomie très-fine. Il portait un turban de cachemire et une longue robe bleu clair ; un magnifique poignard monté en or et tout brillant de pierreries étincelait à sa ceinture. Je commençai par le remercier de la noble hospitalité qu'il pratiquait envers moi, et par rendre hommage aux procédés aimables du chérif Hamed ; sur quoi il me répondit gracieusement qu'il l'avait choisi parce qu'il le connaissait bien et savait d'avance que nous serions contents de lui. Il était déjà informé de la destitution de son ennemi, le pacha de Djeddah ; du moins il n'ignorait pas que le bruit en courait, et je me mis fort bien dans ses papiers en la lui confirmant. Je ne pouvais lui faire mieux ma cour, et le hasard me servait à souhait. Quoique les Arabes soient maîtres d'eux et ne laissent rien lire sur leur figure, celle du prince s'anima à cette nouvelle d'un rayon de joie, et, qu'il voulût ou non laisser paraître sa satisfaction, elle éclata dans tous ses traits.

La conversation s'engagea ensuite sur les affaires du jour, sur les prétentions de la Russie, sur les forces combinées de la France et de l'Angleterre, sur l'attitude de l'Europe en général et de l'Autriche en particulier. Il écouta avec une extrême attention tous les renseignements que je pus lui fournir, et me fit des questions qui toutes prouvaient sa connaissance des faits et son intelligence de la situation. Il me parut aussi éclairé qu'indépendant; et si j'avais un reproche à lui adresser, ce serait d'être trop civilisé, trop Européen. Il est vrai qu'il a passé vingt-quatre années de sa vie à Constantinople avant que la Porte se décidât à le laisser rentrer en Arabie et à le remettre en possession, du moins en partie, du titre, des biens et de l'autorité de son père Ghaleb. Je n'oubliai point, en lui parlant et en l'écoutant, que j'avais affaire à un Arabe, non à un Turc; qu'il ne pouvait en cette qualité faire des vœux bien sincères pour le triomphe des armes ottomanes; qu'il avait au contraire tout à espérer de la ruine des conquérants de sa patrie; qu'il devait en un mot être plus Russe de cœur qu'Anglais ou Français. J'essayai quelques allusions indirectes et lointaines à sa position particulière et à celle de son pays : mais il ne voulut pas les saisir et se retrancha, à cet égard, dans une réserve dont il ne sortit pas un seul instant. Les faits ultérieurs ont prouvé que, malgré sa circonspection, son silence, j'avais bien jugé ses dispositions véritables.

Il n'était pas sans avoir entendu parler du coup d'État du 2 décembre, et il se montra fort curieux d'apprendre de moi, sur cet événement, des détails circonstanciés. Je satisfis sa curiosité en répondant à toutes ses questions, et en lui racontant, pendant deux grandes heures, en témoin oculaire, l'histoire à peu près complète de cet épisode contemporain.

Cette première visite terminée, nous retournâmes à Taïf comme nous en étions venus, recevant les mêmes honneurs des Bédouins rassemblés toujours autour du palais, et des soldats turcs de garde à la porte de la ville. Quant à ces derniers, je fus surpris de ceux qu'ils nous rendirent durant tout notre séjour; car ils dépendaient du pacha, non du chérif, qui évitait soigneusement tout rapport avec eux. Ce n'était donc pas lui évidemment qui leur avait donné ou fait donner le mot d'ordre à cet égard, et j'ignore à qui nous fûmes redevables d'une distinction à laquelle je n'avais aucun droit, aucune prétention.

La maison Chams, que nous occupions tout entière, est bâtie sur le modèle de celles de la Mekke, et, construite avec plus de solidité que d'élégance, elle n'a pas moins de trois étages. Le rez-de-chaussée, dont j'ai déjà fait connaître la disposition, sert, en temps ordinaire, à recevoir les visites; les femmes n'y descendent jamais. Les étages supérieurs, composés de pièces étroites et mal éclairées, sont exclusivement réservées au harem et à tout ce qui en dépend, esclaves, domestiques, etc. Une terrasse environnée d'un mur d'appui en guise de balustrade couronne la maison; on domine de là toute la ville, qui n'est pas grand'chose. Quelques centaines de maisons, dont beaucoup à demi ruinées, sont jetées pêle-mêle autour d'une place en forme de carré long; des sentiers poudreux décorés du nom de rues circulent à travers ce dédale irrégulier. Une seule maison, celle du précédent chérif, Ibn Aoûne, qui vivait alors à Constantinople, offre quelque trace d'architecture, et, comparée à ce qui l'entoure, mérite presque le nom de palais. A l'une des extrémités de la place s'élève un château carré, flanqué de tours aux quatre coins et qui, bâti par le chérif Ghaleb en vue de sa sûreté personnelle, servit de résidence, quelques années plus tard, à Méhémet-Ali, le destructeur de sa puissance.

Les jardins, qui font la célébrité de Taïf dans tout le Hedjaz, sont disséminés autour de la ville et apparaissent comme autant d'oasis au milieu des sables. Ils sont, en général, petits, peu touffus, et ne doivent leur réputation qu'à la sécheresse universelle de la péninsule arabique. L'horizon est fermé de tous les côtés par une enceinte de montagnes dentelées, échancrées, et qui affectent toutes les formes, depuis la flèche aiguë des clochers chrétiens jusqu'au dôme arrondi des mosquées musulmanes. Voici les noms des plus apparentes, tels que mon hôte me les a dictés : à l'ouest et au nord-ouest, du côté de la Mekke et de Médine, Sakara, El-Hêedd, Barad ; et du côté opposé, Madjarr el Chach, El-Tomané, et enfin Rou-el-Chohada ou Col des Martyrs. L'ensemble de ce paysage est plus sévère que gracieux, et, nonobstant les jardins dont il est clair-semé, son caractère général est l'aridité. On n'y découvre pas une goutte d'eau. Taïf est très-élevé, à en juger par la longue et rude montée du Djebel Karah, suivie d'une descente si courte et si douce. Après avoir eu à souffrir de la chaleur à Djeddah, trois semaines auparavant, je dus ici me précautionner contre le froid.

Le nom de Taïf veut dire, en arabe, *tournant*, et, à propos de cette étymologie, il existe une légende locale quelque peu confuse, qu'on m'a racontée sur place, mais que je confesse avoir oubliée. Peu écouté à la Mekke au début de ses prédications, Mahomet vint tenter l'aventure ici, mais il n'y trouva pas des oreilles plus ouvertes à sa parole; chassé par la moquerie et la menace, il dut retourner bien vite dans sa ville natale. A l'exception d'un petit nombre de familles étrangères, indiennes ou autres, la ville est peuplée par les Bédouins de la tribu de Thékif, devenus sédentaires, même artisans et marchands. Ils fabriquent eux-mêmes la plupart des choses nécessaires à la vie commune, ainsi que leurs armes, leurs ceintures et baudriers de cuir, des tapis grossiers en poil de chameau, et les bijoux massifs dont ils parent leurs femmes. Tout cela n'exige pas un bien grand génie industriel ni des procédés bien compliqués. Les boutiques sont misérables et tenues par des hommes, comme dans tout l'Orient. Je ne me rappelle pas avoir aperçu une seule femme pendant tout mon séjour à Taïf; m'y trouvant un jour de marché, j'eus l'occasion pourtant d'y voir beaucoup de monde. Presque tout s'y vendait à l'enchère, et j'achetai moi-même ou fis acheter de cette manière, à titre de souvenirs, divers produits tout à fait rudimentaires de l'industrie indigène. Deux beaux nègres de la maison du chérif m'escortaient armés de lances, de poignards, et ne souffraient pas qu'on m'approchât de trop près. Les habitants, d'ailleurs, n'étaient pas importuns. Je ne sais de quelle manière un chrétien réduit à lui-même serait traité par eux; mais ils respectaient en moi l'hôte de leur prince, et me témoignaient tous une bienveillance, une considération marquée. Les marchands m'invitaient à m'asseoir dans leurs boutiques; chacun répondait avec empressement à mes questions, et tout le monde me saluait avec politesse. Un jeune homme du bazar, et ce fut le seul, s'étant écarté à mon égard de la déférence universelle, y fut rappelé par un des nègres de ma suite de manière à n'y plus manquer à l'avenir.

Ayant poussé ma promenade jusque dans la campagne, je remarquai une fort belle mosquée, qui touche presque aux murs, et dans laquelle on vénère le tombeau d'Abdallah-Ben-Abbas, cousin de Mahomet. Cette mosquée, qui donne son nom à la porte voisine, est le seul édifice religieux de Taïf, le seul du moins qui mérite quelque attention. Les Wahabites l'avaient renversée, comme tous les monuments de ce genre élevés en l'honneur des saints et même du Prophète ; leur puritanisme, ainsi qu'on l'a vu plus haut, ne souffre aucune représentation du monde invisible ; il réprouve tous les symboles et proscrit rigoureusement le culte des saints. Dieu seul doit être adoré, et ne doit l'être lui-même qu'en esprit, jamais sous des formes matérielles. La mosquée d'Abbas a été relevée de ses ruines après la retraite des Wahabites ; mais, blanchie à la chaux du haut en bas, elle a pris un air de jeunesse qui est un anachronisme choquant, vu l'antiquité de sa fondation. Tout près de là est un monument d'une époque et d'une nature toutes différentes : c'est une pierre brute, mais arrondie par l'action du temps ou peut-être par la main de l'homme, et qui passe pour un fétiche des siècles de l'idolâtrie. Elle se nomme Lat, et non loin s'en trouve une autre, nommée Ezzé, consacrée par la même tradition. Hérodote dit, en effet, que les habitants de ces contrées adoraient des pierres du désert ; et ils étaient encore plongés dans cette superstition grossière, quand Mahomet parut pour leur donner des notions plus saines de la divinité. Le Koran marque donc un progrès notable dans l'histoire du peuple où il fut écrit et qui le premier l'adopta.

Le lendemain, le Grand-Chérif nous envoya des chevaux et des gens pour visiter les environs. Notre suite n'était pas si nombreuse que pour nous rendre au palais; mais le saïs du prince et les deux nègres attachés spécialement à notre personne en faisaient partie. Nous prîmes de plus avec nous plusieurs de nos propres domestiques. Tant que dura notre séjour à Taïf, nous vîmes peu le chérif Hamed; une fois dans cette ville, sa mission était terminée, ou du moins suspendue, et ne devait recommencer qu'à notre départ pour Djeddah. Il avait des amis à visiter, des affaires à expédier, et ne fut pas de la promenade. Nous eûmes à sa place ce même chérif Sélim, envoyé pour nous recevoir au mont Karah et chargé ensuite de nous faire les honneurs de Taïf. J'ai peu de chose à dire de ce chérif, n'ayant eu avec lui que peu de rapports : il se montra civil, mais peu communicatif, et me fit regretter l'aménité, la grâce, les prévenances du chérif Hamed. Il montait sa jument blanche, dont la présence inquiétait nos étalons et les rendit moins dociles.

Moi, je montais Assir et dus m'en féliciter, car sa vigueur me tira d'un mauvais pas. Comme nous suivions à quelque distance de la ville un étroit sentier bordé de chaque côté d'un fossé de six à sept pieds de profondeur, j'aperçus trop tard, quand j'en avais déjà les pointes dans mon keffieh, un gros arbre épineux qui me barrait le passage, et en voulant l'éviter, je tombai de Carybde en Scylla : un faux mouvement de ma part nous fit glisser mon cheval et moi au fond du fossé ; heureusement qu'il tomba sur ses pieds et que je n'avais pas perdu les étriers. Mais comment sortir de là? Assir s'en chargea tout seul et s'en tira à son honneur sans l'aide de qui que ce soit, pas même de l'éperon. Se cramponnant au talus à pic avec les pieds de devant, il donna avec les jambes de derrière un coup de jarret si énergique, qu'en un bond nous étions sur le chemin. La joie du saïs fut extrême et proportionnée à la peur qu'il avait eue : il m'avait cru tué, ou pour le moins estropié ; or, comme en vertu de ses fonctions il était responsable de ma sûreté, c'est à lui qu'on s'en fût pris s'il m'était arrivé malheur, et dans les dispositions de son maître à mon égard, il eût payé cher le plus léger accident.

Jusque-là nous avions marché dans le sable, au milieu d'une plaine stérile, sans rencontrer ni eau ni verdure. On trouve enfin l'une et l'autre en pénétrant dans l'ouadi Matnah. Des deux côtés s'élèvent des collines dont la cime est nue, mais dont la base est couverte de jardins clos de murs; des ruisseaux s'en échappent après les avoir rafraîchis, fécondés, et les arbres qui les ombragent débordent par-dessus les clôtures. Une jolie mosquée marque et sanctifie l'entrée de ce riant défilé. Il s'ouvre dans une campagne couverte de nebeks, d'acacias, et serrée de près par des montagnes arides; le sol en est très-inégal, coupé de ravins profonds et tout hérissé de pentes escarpées. Un village bédouin, El-Ouaht, est dispersé sur ce terrain montueux et pierreux; mais je n'y vis pas un seul habitant. Nous bornâmes là notre excursion et revînmes sur nos pas jusqu'au jardin d'El-Batiné, qui appartient au Grand-Chérif, et où nous attendait un déjeuner champêtre. Ce lieu n'a de remarquable qu'une eau limpide et courante enfermée dans un canal de pierres, et des arbres fruitiers d'une belle venue, principalement les figuiers, qui là prennent de fortes dimensions et donnent d'excellents fruits. Les coings et les grenades n'y sont pas moins bons, mais les fleurs y sont rares, à l'exception des roses, célèbres dans tout le Hedjaz. Un pavillon, composé de plusieurs pièces, permet au propriétaire d'y venir à ses moments perdus chercher le calme et la fraîcheur.

En face de ce jardin s'en trouve un autre absolument pareil, et nommé Charia. Il appartient également au Grand-Chérif et avait été, quelques mois auparavant, le théâtre d'une rixe sanglante; voici à quelle occasion. Le pacha de Djeddah, étant venu visiter Taïf, s'était fait accompagner d'une escorte formée d'un détachement de bachi-bouzouks, qui se conduisirent avec leur arrogance habituelle. Une bande de ces maraudeurs, Arnautes pour la plupart, poussa jusqu'ici, volant tout ce qui leur tombait sous la main, particulièrement les fruits, dont les Turcs sont très-avides, et voulut entrer de force dans le jardin de Charia. Précisément alors des femmes du Grand-Chérif s'y trouvaient sous la garde de plusieurs eunuques. Les Arnautes ne tinrent pas plus compte de cette circonstance que de la qualité du propriétaire; et les eunuques, poussés à bout, opposèrent la force à la force; il s'ensuivit un combat où le sang coula des deux côtés. Informés de l'outrage qu'on faisait à leur prince, les Bédouins du voisinage accoururent en armes, et pas un Arnaute n'aurait échappé, s'ils n'avaient pris la fuite au plus tôt de toute la vitesse de leurs chevaux. A cette nouvelle, le pacha, qui n'est pas brave, à ce qu'il paraît, fut saisi d'une terreur panique et s'enfuit de Taïf précipitamment, croyant ou feignant de croire à un soulèvement général des Bédouins. Rien ne put le décider à rentrer dans la ville; les instances du Grand-Chérif lui-même furent sans effet, et notre fuyard regagna Djeddah sans désemparer. On pense bien que cet incident n'envenima pas peu l'inimitié déjà déclarée des deux ennemis.

Nous regagnâmes la ville par un autre chemin, afin de voir plus de pays. Un grand et beau verger, clos d'un mur en terre, attira tout d'abord mon attention. On ne fit malheureusement que le côtoyer; mais la vue seule en était rafraîchissante, tant les arbres étaient touffus, l'ombre épaisse, la verdure luxuriante. Viennent ensuite des champs d'orge et de blé fort estimables mais peu pittoresques; puis l'empire du sable recommence et se prolonge jusqu'aux portes de la ville. Quelques chameaux et quelques Bédouins furent les seules rencontres de la promenade. Deux autres points du territoire de Taïf, l'ouadi Schémal et l'ouadi Selamé, ont des jardins semblables à ceux d'El-Matnah; et, pour dire la vérité, ni les uns ni les autres ne méritent leur réputation; le contraste peut seul donner du prix à ces lieux trop vantés. Habitués à la nudité, à la désolation de leurs déserts, les Arabes exagèrent naturellement tout ce qui en repose leurs yeux : un filet d'eau est pour eux un fleuve, quelques brins d'herbe une prairie, un bouquet d'arbres une forêt. Défiez-vous donc de leurs descriptions et rabattez hardiment d'une bonne moitié leurs hyperboles admiratives.

Le reste de cette journée se passa à recevoir des visites. Le trésorier, le majordome et d'autres officiers du Grand-Chérif arrivèrent chacun à son tour, soit de la part de leur maître, soit spontanément. Vinrent ensuite des amis et des voisins de Chams, et diverses personnes de la ville attirées par la curiosité. On se visite en Orient sans être présenté comme en Europe, et la plus grande facilité règne à cet égard. Souvent on ne se dit pas un mot; mais la politesse est faite, et l'idée ne viendrait à qui que ce soit de demander à un visiteur inconnu qui il est, ni pourquoi il vient. Le vieux Chams, et surtout son fils Abdallah, étaient chez nous plus souvent que chez eux, toujours prêts à nous rendre de bons offices, à nous donner les renseignements dont nous pouvions être curieux, cherchant, en un mot, toutes les occasions de nous être utiles et agréables. Ils avaient même eu l'idée de nous amener un individu du voisinage qui jouait le rôle de bouffon, dans l'espoir que ses sottises pourraient nous amuser. Les Arabes ont un goût prononcé pour cette espèce de divertissement, et se montrent peu difficiles sur le choix des plaisanteries, presque toujours licencieuses. Quant à moi, ce délassement me parut bientôt fastidieux, d'autant plus que les grosses facéties du bouffon portaient sur des personnes ou sur des choses qui m'étaient étrangères et n'étaient, le plus souvent, que des jeux de mots incompréhensibles pour moi dans l'original, et qui, traduits, perdaient tout leur sel. Ayant ainsi fréquenté beaucoup d'indigènes, j'eus l'occasion de renouveler à Taïf une observation que j'avais déjà faite à Djeddah, à savoir, que les Arabes ont infiniment plus de vivacité, surtout plus d'esprit que les Turcs, et qu'on ne trouve point chez eux, comme en d'autres parties de l'Orient, ces automates solennels et stupides qui mettent leur importance dans leur apathie.

Je rendis visite aux Chams dans la maison où ils s'étaient relégués pour nous abandonner celle qu'ils occupaient ordinairement ; elle me sembla bien petite pour une si nombreuse famille, et je n'en appréciai que davantage la gêne qu'ils s'étaient imposée pour nous. Les maisons de Taïf n'ont point de rez-de-chaussée comme celles de la Mekke, et l'on reçoit les visites au premier étage. Je n'ai pas besoin de dire l'accueil de mes hôtes, et les frais qu'ils firent en mon honneur. Le café, le sorbet, les sucreries se succédèrent sans interruption, et la plus belle pipe de la maison fut pour moi. Pendant que j'étais là, fumant et questionnant, il entra un personnage blanc de la tête aux pieds : barbe blanche, robe blanche, turban blanc, tout, en un mot, excepté la figure et les mains, qui étaient presque noires. C'était un homme grave et sentencieux, versé dans les écritures musulmanes et connu pour sa piété. Sa conversation n'était qu'une série non interrompue de versets du Koran et de maximes morales à l'usage de l'Orient. En voici une dont il me gratifia et qui pourra donner l'idée des autres : « La patience est amère comme son nom, mais les suites en sont douces comme le miel. » Or, pour saisir le trait de cet aphorisme, il faut savoir qu'il roule sur un jeu de mots : le mot arabe, qui veut dire patience, *saber*, signifie aussi je ne sais quelle drogue du pays, qui pourrait bien être la plante appelée vulgairement *douce-amère*.

La veille de notre départ, nous fîmes au Grand-Chérif notre visite de congé, et les choses se passèrent exactement comme la première fois, à cette différence près que l'armée bédouine rassemblée autour du palais était moins nombreuse, et qu'on nous reçut avec moins d'apparat, quoique avec la même courtoisie et la même distinction. Le prince portait ce jour-là un magnifique abbaya vert en cachemire, bordé de palmes rouges. La connaissance étant faite, la conversation fut plus intime. On s'entretint du choléra, qui a ravagé la Mekke, mais épargné Taïf; de l'Égypte et de Méhémet-Ali, dont le Chérif parla avec une extrême modération, bien que le gouvernement presque absolu de son père Ghaleb ait été renversé par ce pacha, devenu presque roi. Il se montra plus sévère pour Abbas-Pacha, dont il jugeait parfaitement les actes privés et publics. Il fut également question de la grande Exposition industrielle qui se préparait alors à Paris; et comme je l'engageais à y envoyer des échantillons de l'industrie indigène, l'assurant qu'il ne pourrait manquer d'y obtenir du succès :

« Oui, répondit-il en riant, le succès du ridicule. »

Ma vue, presque entièrement perdue à l'heure où je dicte cette relation de mon dernier voyage, était dans ce temps-là déjà profondément attaquée. Le prince me témoigna, dans les termes les plus vifs, les mieux sentis, sa sympathie et son intérêt, m'assurant avec bonté que mon état lui fendait le cœur. Il me dit, en manière de consolation, qu'une des plus jeunes femmes de son harem était affligée du même mal, et qu'elle était bien plus à plaindre que moi, puisqu'il n'avait pas sous la main, pour la faire soigner, comme nous les avons en Europe, les ressources de l'art et le secours d'habiles médecins. Il me fit promettre expressément de lui donner de mes nouvelles et de lui écrire à mon retour en France, promesse que j'ai remplie fidèlement.

J'ajouterai, pour terminer le récit de cette dernière visite, que, pendant son long exil à Constantinople, Chérif Muttaleb avait eu des relations suivies avec l'ambassadeur de la Grande-Bretagne, lord Stratford Canning, aujourd'hui Radcliffe : il en demanda des nouvelles à mon compagnon de voyage, lequel, ainsi que je l'ai dit, était Anglais et affirmait connaître particulièrement ce diplomate : sur quoi le prince le chargea pour lui d'une lettre, que M. Cole aura fait sans doute parvenir à son adresse.

Je ne puis m'empêcher de dire à quel point je fus

choqué, comme Européen et comme homme, de l'humble attitude de mon compagnon de voyage en présence du prince : ce n'était pas, au surplus, la première fois que j'avais l'occasion de faire une remarque semblable sur ses compatriotes et sur lui-même. Il était convenu, dans le dernier siècle, de faire des Anglais le type de la fierté, et J.-J. Rousseau lui-même les a peints ainsi dans milord Édouard. Le temps et l'expérience ont fait justice de ce préjugé. J'ai connu, pour ma part, beaucoup d'Anglais de toutes les conditions, soit à l'étranger, soit chez eux, et partout je les ai vus prosternés aux pieds des puissances constituées par l'opinion, qu'elles soient usurpées ou légitimes. Ils n'ont, à cet égard, ni indépendance ni discernement, et professent dans toutes les classes le culte des positions, snobisme au moins ridicule et quelque peu servile dont leur propre compatriote Thakeray a fait justice et qu'il fustige avec beaucoup d'*humour* dans la *Foire aux Vanités*. L'éducation les fait sans doute ainsi, et la routine les maintient dans l'ornière. Nés et nourris sur une terre encore toute féodale, ils sucent avec le lait l'esprit d'hiérarchie qui est le principe et fait la base de leur constitution sociale. Avec une vanité égale au moins à celle des Français, déclarés par Dante et par Machiavel le plus vain des peuples, les premières notions de l'égalité leur sont inconnues.

Que j'aime bien mieux la dignité innée des Bédouins du désert, qui abordent les plus grands personnages d'un air assuré, leur parlent avec aisance et ne se départent devant personne du légitime orgueil qui sied à des hommes! Tels ils se montrent avec les cheiks de tribus, et ils ne vont jamais ailleurs qu'à leur tente demander l'hospitalité. Ils en usent tout aussi librement avec le Grand-Chérif lui-même, regardant son palais comme leur propre maison, et ses greniers comme les leurs.

L'usage des cadeaux est répandu, comme on sait, dans tout l'Orient. Chérif Muttaleb n'eut garde d'y manquer à notre égard, et nous en envoya par son trésorier. Je reçus pour ma part un magnifique abbaya blanc, fait en laine de Bagdad et richement brodé en or fin. M. Dequié en reçut un noir, et mon compagnon de voyage eut une garniture de selle brodée en argent. Nous fîmes de notre côté de grandes largesses à tous les gens de la maison du prince qui nous avaient rendu quelques services, sans oublier, bien entendu, ceux de Chams; car on suppose bien que tous les honneurs qu'on nous avait prodigués devaient, au quart d'heure de Rabelais, se résumer en bakchichs. M. Dequié tint là-dessus conseil avec Chérif Hamed, qui fit la part de chacun; mais, quoique le chiffre fixé par lui fût raisonnable, je fus d'avis qu'il fallait le doubler, et mon compagnon, avec lequel je voyageais à frais communs, entra dans mes vues. Quelques sacrifices que nous imposât cette obligation, nous ne pouvions, pour l'honneur européen, déchoir de la position qu'on nous avait faite, et notre générosité devait, autant que possible, répondre à l'hospitalité dont nous avions été l'objet. Je puis dire sans aucune vanterie que, pour de simples particuliers, nous fîmes les choses grandement, et des Européens peuvent aller à Taïf après nous sans avoir à rougir des souvenirs que nous y avons laissés.

N'ayant avec moi aucun objet propre à être offert en présent à Chams, je promis à son petit-fils Abd-el-Kader de lui envoyer plus tard un souvenir, et je tins ma parole en lui faisant parvenir d'Alexandrie, par l'aimable M. Outrey, envoyé quelque temps après à Djeddah en qualité de consul de France, une montre à répétition, qui me valut de son père une belle lettre de remercîment, dont je veux donner la traduction littérale, comme un échantillon du style épistolaire des modernes Arabes.

« Par la grâce de Dieu.

« O l'œil des notables et la gloire de ses égaux, mon ami monsieur Charles Didier, que Dieu, très-haut, le conduise dans le sentier du salut éternel !

« Après t'avoir présenté les respects dus à ton

rang, je t'informe que je ne cesse de demander de tes nouvelles.

« J'ai reçu une lettre de monsieur Dequié, ainsi que la montre envoyée de ta part à mon fils Abd-el-Kader. Je la lui ai consignée, et il l'a acceptée avec reconnaissance ; mais les choses étant basées entre nous sur l'indulgence et l'absence de cérémonies, il ne fallait pas que tu prisses cette peine.

« Enfin, j'ai jugé convenable de t'écrire la présente lettre, pour te donner ces informations.

« Monsieur mon père et mon fils Abd-el-Kader saisissent cette occasion pour te présenter leurs salutations respectueuses.

« Taïf, le 20 Djamaz el Ewal 1271 (15 février 1855).

«*Signé*: ABDALLAH-BEN-MOHAMED-SAÏD-CHAMS-EL-DINE. »

XI

De Taïf à Djeddah.

Nous partîmes de Taïf le 2 mars, à cinq heures du soir, pour retourner à Djeddah, par une autre route accessible aux dromadaires dans tout son parcours, et qui s'écarte de la Mekke beaucoup plus que la première. C'était encore un jeudi, le jour de la semaine réputé le plus heureux, ainsi que je l'ai dit précédemment. Notre caravane était composée comme en venant : mêmes hedjins, mêmes selles, même escorte, moins toutefois le nègre Abou-Slacé, dont nous avions eu si peu à nous louer. Il paraît que plainte avait été portée contre lui à son maître, qui l'éloigna de Taïf pendant notre séjour dans cette ville et le remplaça au retour par deux autres nègres de sa maison, Ali et Marzouk, qui, bien différents du premier, rivalisèrent, pendant tout le voyage, de soins, de prévenances et de bonne humeur. Chérif Hamed et le chef des chameliers Akmed Amoudi avaient repris l'un et l'autre auprès de nous leurs fonctions respectives. Deux autres chérifs se joignirent à nous au moment du départ, l'un envoyé par le Grand pour réconcilier deux tribus en guerre; l'autre, Abd-el-Muttaleb, un vieillard de soixante et quinze ans, qui retournait chez lui dans l'ouadi Fatma, que nous devions traverser. Ils montaient tous les deux des dromadaires, tandis que leurs juments trottaient en liberté au milieu de la caravane. On ne pouvait certes voyager en plus sainte compagnie sur le saint territoire du Prophète. Nous sortîmes de la ville par la porte opposée à celle par où nous étions entrés, et reçûmes là pour la dernière fois, du corps de garde ottoman, les honneurs militaires.

A peine hors des murs, on laisse à droite un grand palais blanc, entouré d'un jardin vert et touffu, nommé Choubra, comme celui de Halid-Pacha, à trois milles du Caire. On entre ensuite dans un vaste pâturage, où la nuit nous prit bientôt. Quelques bouquets de palmiers apparaissaient de loin en loin dans l'obscurité, et le bêlement des troupeaux se mêlait à l'aboiement des chiens. On marcha ainsi jusqu'au village de Gouem, qui fut notre première étape. Un négociant de Taïf, ennemi des Chams, et nommé Kari, possède dans ce village une maison qu'il avait fait préparer pour nous, et où il était venu de la ville nous recevoir en personne avec quelques-uns de ses parents. Ses ennemis Chams nous ayant, à son grand déplaisir, hébergé à Taïf, il avait voulu, par forme de dédommagement, nous traiter dans sa maison de campagne. Il remplit ce devoir avec beaucoup de politesse; et je ne lui adresse qu'un reproche, c'est de nous avoir fait attendre jusqu'à près de minuit le classique mouton de l'hospitalité. Il présida au souper, mais refusa de le partager : ainsi l'exigeait la civilité. Nous couchâmes en voyageurs, c'est-à-dire tout habillés, dans une grande pièce du premier étage, tendue, à notre intention, de plusieurs tapis déroulés les uns sur les autres.

En mettant, le matin, la tête à la fenêtre, je veux dire à la lucarne qui éclairait la chambre, mes yeux tombèrent sur une grande conserve d'eau entourée d'un beau jardin tout couvert de citronniers, de grenadiers et de limoniers. On y servit le déjeuner dans un petit pavillon ouvert et noyé au sein de la verdure. Le charme de cette fraîche retraite nous retint plus qu'il ne convenait à des voyageurs, et nous partîmes tard. Il nous fallut tout d'abord traverser un pâturage, ou ce qu'on appelle de ce nom en Arabie, c'est-à-dire une étendue de sable clair-semé de touffes d'herbe à demi desséchées alors par le soleil ; des brebis et des chèvres y paissaient en liberté. Çà et là s'élevaient quelques bouquets d'arbres verts et de hauts buissons épineux. Un village de pasteurs sédentaires est dispersé dans la plaine. Tout ce pays se nomme Hazm-el-Komée. Bientôt il se ferme, et l'on entre dans une région montagneuse d'une aridité complète : c'est le val Taleh, suivi de l'ouadi El-Nobéyat. A mesure qu'on y pénètre, le site devient plus sauvage et plus désolé ; le chemin serpente entre des hauteurs granitiques absolument nues et calcinées par les feux du soleil ; le roc vif y revêt des teintes rougeâtres où le mica scintille comme des paillettes de diamant.

La gorge, quoique pierreuse, est assez facile au début, mais elle s'abaisse brusquement, et le sentier tombe à pic au fond d'un abîme. Ce passage, nommé Ri-el-Mohout, est court, grâce à Dieu, mais d'une excessive difficulté. Les chameaux s'en tiraient fort mal et glissaient à chaque pas sur les rochers saillants ou roulants. Je ne fis pourtant point à La Nuée — on se rappelle que c'était le nom de mon hedjin — l'injure de mettre pied à terre; je restai bravement en selle, et n'eus pas à m'en repentir. Nous arrivâmes tous les deux, sains et saufs, au bas du précipice. Le reste de la caravane ne fut pas moins heureux, et, ce mauvais pas franchi, on entra dans le défilé plus humain d'El-Zallalé. Ce lieu était jadis la terreur des voyageurs, qui, d'ordinaire, y étaient attaqués et pillés par les Arabes Atéïbé, tribu puissante et belliqueuse répandue dans les montagnes au nord de Taïf jusqu'à Médine. Elle peut mettre en campagne jusqu'à huit mille hommes tous montés, armés de mousquets pour la plupart, et fait sans cesse la guerre à ses voisins. Quoiqu'elle exige encore un tribut des caravanes qui traversent son territoire, elle ne pousse plus guère jusqu'ici ses déprédations. L'idée d'une mauvaise rencontre ne me vint pas même à l'esprit, parce que, d'abord, nous étions en nombre, et que, hôtes du Grand-Chérif, sa protection nous couvrait de loin comme de près.

Le défilé débouche dans l'immense plaine de Sel, nue, sèche, sablonneuse et brûlée par le soleil. Une surprise m'y attendait : à peine y avait-on fait quelques milles sous un ciel de feu et une atmosphère étouffante, que je me trouvai, sans qu'on m'eût prévenu, et comme par enchantement, au bord d'une source abondante et limpide qui jaillit du sable à gros bouillons et répand autour d'elle une fraîcheur délicieuse. Tout près est une large enceinte de rochers taillés à angles droits, presque à fleur de terre, et disposés symétriquement en gradins. On dirait que la main de l'homme a passé par là, et il serait facile, avec un peu d'imagination ou de bonne volonté, de voir dans ce cirque naturel l'œuvre de quelque race perdue de géants antédiluviens. On ne pouvait se dispenser de faire une halte dans un lieu si bien préparé : on la fit même un peu longue, et l'on déballa pour la première fois les provisions dont on nous avait chargés à Taïf. A l'Asr, les chérifs, à genoux sur leurs tapis et baisant la terre avec componction, firent leurs ablutions et leur prière au milieu de nous, absolument comme s'ils eussent été seuls. Les musulmans n'ont point de fausse honte à cet égard : ils se livrent, partout où ils se trouvent et n'importe avec qui, à toutes les pratiques de leur religion. Aux deux chérifs partis avec nous de Taïf s'en était joint, je ne sais plus où, un troisième fort jeune, presque un enfant, à peine âgé de quatorze ans; il se nommait Ahmed et montait un joli cheval gris. Soit que mon titre de chrétien l'effarouchât ou que la timidité le tînt à distance, je n'eus avec ce jeune homme aucune relation. Le vieil Abd-el-Muttaleb était bien moins sauvage ; nous ayant fait promettre de nous arrêter chez lui en passant, il avait été convenu que nous resterions un jour dans sa maison, et il se proposait d'inviter en notre honneur plusieurs chérifs de son voisinage. Mais ce projet ne put s'exécuter, comme on le verra tout à l'heure.

La plaine de Sel, environnée de montagnes dans toutes les directions, est bornée à l'ouest par une énorme pyramide de granit écroulée sur elle-même, et dont les rochers précipités les uns sur les autres gisent là depuis des milliers d'années, comme les ruines d'un monument gigantesque. Je vis en cet endroit la véritable pastorale du désert, c'est-à-dire un troupeau de chamelles avec leurs petits chameaux, dont l'un, nouveau-né du jour, était porté comme un enfant dans les bras d'un des bergers. Ces braves gens nous firent l'accueil le plus empressé et nous offrirent du lait en abondance dans des jattes de bois. Un Bédouin, lancé à cheval au milieu de la plaine, vint à nous bride abattue et s'approcha de mon dromadaire, non pour me percer de sa lance, mais pour me toucher la main ; je la lui donnai de grand cœur, et en la prenant, il me salua, nonobstant ma qualité d'infidèle, du *salam-aleïk* que les vrais Croyants seuls échangent entre eux. Chacun, soit dit en passant, a déjà reconnu dans ces deux mots arabes l'étymologie du mot français *salamalec*.

On côtoyait alors les bases d'une montagne affreusement décharnée, le Djebel-Yassoumaïné, et une autre qui ne l'était pas moins, le Djebel-Em-el-Khassaf, fermait devant nous l'horizon; mais on tourna cette dernière, et une immense vallée se déroula devant nous. Comme nous marchions au couchant et que le soleil était bas, nous l'avions dans les yeux, ce qui, malgré la protection de mon keffieh, était fort gênant pour moi, et je n'aspirais qu'au moment de le voir disparaître. Il disparut enfin, et au crépuscule nous entrions dans l'ouadi Limoun, l'un des plus célèbres de cette partie du Hedjaz. Je ne pus juger dès l'abord s'il mérite sa réputation, car la nuit ne tarda pas à nous envelopper et ne me laissait voir que le profil sombre des montagnes sur le fond scintillant des étoiles.

Nous avions douze à treize heures de dromadaire; hommes et bêtes commençaient à sentir le besoin du repos; on s'arrêta pour la nuit près du village de Zema, dont rien, pas la moindre lueur ni le plus léger bruit, n'annonçait le voisinage. N'ayant pas de tentes, on bivouaqua sur le sable, comme des soldats en campagne. Nos Arabes allèrent nous chercher du lait et en rapportèrent pour tout le monde. Gasparo se mit à l'œuvre pour la seconde fois depuis notre départ de Djeddah, et, grâce aux provisions apportées de Taïf, le souper fut bientôt prêt. Peu d'instants après la caravane était endormie. Bien qu'il se trouvât là réunis, dans un très-petit espace, une trentaine d'hommes, seize chameaux ou dromadaires et trois à quatre chevaux, chacun, selon son espèce, reposait si profondément que le silence était complet, et j'aurais pu me croire seul dans la solitude. Couché sur mon tapis et roulé dans mon abbaya, je fus le dernier à m'endormir. En attendant que le sommeil vînt fermer aussi mes paupières, je laissai ma vue errer en liberté dans la radieuse immensité du firmament, qui alors n'était pas encore éteint pour moi, comme il l'est aujourd'hui. Depuis que le ciel se ferme à mes yeux, à l'heure où il s'ouvre pour tous les autres, je me reporte avec un charme plus vif, bien qu'avec tristesse, à ces nuits d'Arabie dont les splendeurs m'ont ravi si souvent, et j'aime à revoir par la pensée ce je ne puis plus voir autrement. A jamais privé du spectacle le plus magnifique qu'il soit donné à l'homme de contempler, spectacle plus sublime encore sous ces latitudes favorisées, je puise dans les souvenirs du passé des consolations pour le présent, des compensations pour l'avenir, du courage et des forces pour ne point faiblir au milieu des ténèbres qui m'environnent et pour qu'y mourant, y vivant résigné, je puisse dire avec un poëte :

> Que plongé, qu'abîmé dans le monde invisible,
> Puisque l'autre à mes yeux semble à jamais fermé,
> Mon esprit s'illumine, et désormais paisible,
> Au terme de l'épreuve arrive transformé.

A l'aube j'étais debout. Les premières clartés du matin me découvrirent le paysage que je n'avais pu voir la veille. Le fond de la vallée, fort étroite en cet endroit, est couvert d'un sable stérile, mais les bords sont plantés d'arbres et revêtus d'une riche verdure dans toute leur longueur ; des sources en jaillissent sur plusieurs points et entretiennent des deux côtés la fraîcheur et la fertilité. Toute végétation cesse à la hauteur des arbres : les flancs et le sommet des montagnes latérales sont d'une complète aridité. Isolées, séparées les unes des autres, et dispersées sur les deux lisières de la région verte, de misérables huttes forment le village de Zema, peuplé d'Arabes sédentaires adonnés à la culture du sol végétal et au soin des troupeaux. Un château fort s'élève au-dessus du village, sur un promontoire de rocher ; construit jadis pour la défense et la garde du pays, il est depuis longtemps en ruine et personne ne songe à le rebâtir.

A peine la caravane était-elle sur pied que le lait afflua de toutes parts, apporté par des Bédouins, même des Bédouines qui restèrent strictement voilées par respect pour les chérifs ; sans leur présence, elles eussent été beaucoup moins rigoureuses et nous auraient montré leur visage sans difficulté. Mais je pense que nous perdions peu à ne le pas voir ; leur tournure n'annonçait pas la jeunesse, et la robe de coton bleu dont s'enveloppent toutes les femmes de ces contrées est loin de donner de la grâce à leur personne. J'ai remarqué déjà plusieurs fois que l'esprit d'égalité règne parmi les Arabes ; j'en eus ici deux nouvelles preuves : la première, dans la façon libre et fière, quoique toujours polie, dont ces Bédouins abordaient les chérifs et nous-mêmes ; la seconde, dans le petit trait de mœurs que voici : Chérif Hamed mangeait ordinairement avec nous ; pourtant il s'y refusait quelquefois ; ce matin-là, par exemple, il déjeuna, avant de partir, avec Akmed Amoudi, le chef des chameliers et autres gens d'une condition très-inférieure à la sienne. Or il n'agissait ainsi ni par une vaine ostentation, ni par une puérile recherche de popularité, mais le plus naturellement du monde, parce que la chose lui paraissait toute simple et qu'elle est dans les mœurs du pays.

Notre départ fut retardé par un triste incident : le vieux chérif Abd-el-Muttaleb avait été attaqué pendant la nuit d'une fièvre si violente, qu'il était hors d'état de partir ni même de quitter son tapis. L'altération de ses traits accusait un désordre profond dans les organes et les fonctions de la vie. Lui-même croyait toucher à sa dernière heure ; mais résigné à son sort, il ne faisait entendre ni plainte ni murmure, et ne demandait au ciel qu'assez de force pour aller mourir au milieu des siens.

« Il y a, disait-il d'une voix éteinte, soixante et

quinze ans que je suis sur la terre ; il est temps que j'aille rejoindre mes ancêtres. Il me serait doux de mourir sous mon toit, au sein de ma famille ; mais s'il en doit être autrement, que la volonté d'Allah s'accomplisse ! je me soumets à ce qu'il a décrété d'avance. De quelque lieu qu'on parte, on arrive toujours au paradis, quand on a réglé sa vie sur les préceptes du Koran. J'y ai conformé la mienne autant que la misère humaine me l'a permis ; et si je les ai violés, c'est par faiblesse, jamais avec l'intention d'offenser Allah. J'espère donc qu'il aura pitié de moi, car il est le très-clément, le très-miséricordieux. »

Le malade ne prononça pas ces paroles de suite et sous forme de discours, comme je viens de les rapporter, mais il les prononça toutes, interrompu souvent par la souffrance. Nous l'entourions avec intérêt, mais privés de tout moyen de lui porter secours, n'ayant avec nous ni médecin ni pharmacie. Ce fut sans doute ce qui le sauva. La fièvre ayant un peu cédé, il fut possible de le placer sur son dromadaire et de l'y établir assez commodément pour qu'il pût supporter le voyage. Le jeune chérif adolescent, qui, je crois, était de ses parents, l'accompagna avec quelques hommes de notre propre suite, et j'eus la satisfaction d'apprendre le lendemain qu'il était arrivé chez lui sinon guéri, du moins beaucoup mieux qu'il n'était parti. Ainsi tomba dans l'eau la visite que nous devions lui faire en passant. Le second chérif venu de Taïf avec nous nous avait quittés pour aller remplir la mission conciliatrice dont l'avait chargé le Grand-Chérif; des quatre chérifs de la veille, il ne nous restait donc plus que le fidèle Hamed, qui se montra jusqu'à la dernière heure ce qu'il avait été depuis la première, courtois, gracieux, attentif, le plus charmant des hommes.

Enfin la caravane partit, mais elle ne marcha pas longtemps, car après une heure tout au plus elle s'arrêta à Sola, village mieux construit et mieux groupé que celui de Zema. C'est là que commence l'ouadi Fatma, fameux dans tout le Hedjaz et qui produit les seuls légumes que l'on consomme à la Mekke et à Djeddah. Il est très-étendu et doit son nom à la fille de Mahomet, qui, à ce qu'on prétend, le lui avait donné en dot, en la mariant à Ali. Les chérifs, étant issus d'elle par ses deux fils Hassan et Husseïn, ont une prédilection toute particulière pour la riche et fertile campagne qui la rappelle et lui emprunte son nom. Beaucoup y font leur résidence, et de ce nombre était notre aimable chérif. On mit pied à terre à la porte d'une maison où nous étions attendus, mais où je n'entrai même pas, parce que Hamed me conduisit immédiatement dans un jardin attenant, nommé El-Noss, dont il m'avait ménagé la surprise.

Elle fut grande et des plus agréables, car jamais

spectacle ne fut plus inattendu, et je n'avais de longtemps rien vu de si délicieux : c'est bien ainsi que les mahométans doivent, sur la foi du Prophète, se représenter leur paradis. Il ne manquait à celui-là que des houris pour qu'il fût complet. Un ruisseau d'eau vive et limpide serpente à travers ce ravissant Éden sur un fond de cailloux blancs, et ses gracieux méandres disparaissent en beaucoup d'endroits sous les longues herbes entrelacées d'un bord à l'autre. Les citronniers, les palmiers, les bananiers et autres arbres des régions tropicales y prennent un développement prodigieux et s'y marient étroitement; confondus, tressés ensemble, leurs ombrages sont si touffus, si impénétrables, que les rayons les plus acérés du soleil caniculaire ne sauraient les percer, et qu'il y règne en plein midi un frais et doux crépuscule. Une fois baigné dans cet océan de verdure, rien ne put m'en arracher. Couché au bord du ruisseau, sous un bananier dont les larges feuilles s'épanouissaient en parasol sur ma tête et retombaient autour de moi comme autant d'éventails, j'y voulus dîner et j'y restai toute la journée. A la vue de cet arbre incomparable, on comprend que les Hindous aient pour lui une profonde vénération ; qu'ils accomplissent sous son ombre leurs mystères, leurs sacrifices, qu'ils en fassent le sanctuaire de leur idole la plus révérée, ce Ganesha, leur grand Pan, qui, en même temps qu'il est le dieu des forêts, réunit en lui les attributs et cumule les fonctions de l'Apollon et du Mercure helléniques. De jeunes Arabes de douze à quinze ans, fils ou neveux du propriétaire, m'entouraient sans importunité, m'apportaient des oranges amères, les seules que donne le pays, faisaient rafraîchir l'eau dans des goulets suspendus aux branches, me rendaient, en un mot, avec cette bonne humeur particulière à la jeunesse, tous les soins de la plus aimable hospitalité.

Roidies par l'aridité et la chaleur sèche du jour précédent, toutes les fibres de mon corps se détendaient par degrés sous l'influence de cette atmosphère molle et vivifiante; tous les ressorts de l'existence reprenaient en moi leur élasticité. Je respirais plus à l'aise; mon sang circulait plus librement dans mes veines; fatigués par l'éclat du sable et des rochers, mes yeux se reposaient avec bonheur sur les vertes draperies qui flottaient autour de moi; j'éprouvais, pour tout dire, un bien-être physique et moral que je n'avais ou croyais n'avoir jamais connu. Grâce à un repos si absolu, à une immobilité si prolongée, et par la continuité, l'uniformité d'une sensation unique, toujours la même, j'avais fini par m'abîmer dans une rêverie profonde, dans un détachement, un oubli complet du monde extérieur, et par perdre le sentiment du temps et des lieux; à peine avais-je encore conscience de moi-même. D'où venais-je? Où étais-je? Où allais-je? Je ne m'en rendais compte que d'une manière vague et confuse.

Les scènes, les épisodes du voyage que je venais d'accomplir, les sites, les monuments, les personnes, passaient et repassaient devant moi comme les images d'un rêve, et je n'entrevoyais le retour que dans la brume ondoyante d'un lointain vaporeux. S'il m'arrivait par échappées de songer à l'Europe, à Paris, aux amis, aux ennemis que j'y avais laissés, aux luttes acharnées qu'il m'avait fallu naguère y soutenir, aux revers sans exemple, aux trahisons sans nom, aux catastrophes de tout genre dont j'y avais été la victime, toutes ces choses traversaient ma mémoire comme les réminiscences d'une vie antérieure à jamais finie : regrets, douleurs, passé, tout, jusqu'aux ressentiments les plus légitimes, s'éteignait dans l'ineffable paix où j'étais plongé.

Cette béatitude, ce keff, pour me servir de l'expression locale la plus propre à rendre l'état de corps et d'esprit où j'étais alors, dura sept heures entières, et ces sept heures avaient fui comme une seconde. Je fus rappelé à la réalité par l'annonce du départ, car enfin il fallait partir. Tandis que je m'oubliais dans les paisibles délices de cette Capoue champêtre, il se passait à quelques pas, devant la maison où nous étions descendus, une scène bien différente. Quoique son emploi l'appelât à la Mekke, le chérif Hamed habitait, comme je l'ai déjà dit, l'ouadi Fatma; il y avait du moins sa maison, son harem, et il y passait tout le temps que lui laissaient ses fonctions. Il y était par conséquent fort connu, considéré, aimé de tout le monde. A la nouvelle de son arrivée à Sola, les Bédouins du voisinage s'y étaient portés en foule, les uns seulement pour le saluer, les autres pour l'entretenir de leurs affaires. Je le trouvai au milieu d'un grand cercle de Bédouins accroupis autour de lui, écoutant chacun avec aménité, ayant pour tout le monde des paroles gracieuses. Cette cour de justice en plein air était singulièrement pittoresque. Je fus surtout frappé de la décence et de la tranquillité qui régnaient dans une assemblée si nombreuse. Tous les assistants se levèrent à mon arrivée et me saluèrent avec civilité. Le chérif étant mon répondant, la considération dont il était l'objet rejaillissait sur moi, sans compter que j'étais toujours l'hôte du Grand, dont la protection me couvrait à distance, et dont la réception était déjà connue bien loin à la ronde. Notre présence occupait l'imagination des Arabes, et bien des versions circulaient sur le but de notre voyage. J'appris, entre autres, à mon retour à Djeddah, qu'en certains lieux on nous avait pris pour deux pachas envoyés par le Grand-Seigneur pour arrêter le Grand-Chérif. Quelques-uns de ces Bédouins nous accompagnèrent quand nous partîmes, et ils auraient prolongé beaucoup la conduite, si le chérif Hamed l'avait souffert.

Nous marchions dans une vallée semblable à celle du matin, bordée comme elle des deux côtés par des jardins et couverte au milieu d'un sable aride, clairsemé d'arbrisseaux. Rien ne donne mieux l'idée des vallées de ce genre qu'un large fleuve coulant entre des bords verdoyants; seulement l'eau est représentée ici par du sable. Il est inutile d'ajouter, ce serait une redite fastidieuse, que les montagnes latérales sont absolument nues. Elles se ressemblent toutes sur ce point. Dans le fond s'en élève une distincte par sa forme de toutes les autres : au lieu des pics et des coupoles qui les couronnent, le sommet du Djebel El Harrah, tel est son nom, est entièrement plat, et si étendu qu'il ne faut pas moins de quatre jours pour le traverser. On était reparti si tard que la nuit nous prit bientôt, une nuit sereine et brillante, comme toutes les nuits de ce climat enchanté. Reposée par la longue halte de Sola, la caravane marchait d'un pas rapide et léger ; tout le monde était dispos, et surtout le nègre Marzouk, qui nous amusait par son entrain et son inaltérable gaieté. Attaché spécialement à ma personne, il marchait à côté de mon dromadaire et je le faisais de temps en temps monter en croupe derrière moi, attention à laquelle il se montrait très-sensible et qu'il reconnaissait par un redoublement de soins à mon égard. Comme nous approchions de Rayan, village de l'ouadi Fatma, où demeurait notre chérif et où nous devions coucher, un cri modulé se fit entendre dans le lointain ; un cri semblable y répondit du sein de la caravane ; puis tout rentra dans le silence, et quelques instants après nous nous trouvâmes face à face avec une troupe de gens à pied et à dromadaire : c'étaient des parents et des domestiques du chérif Hamed qui venaient au-devant de nous, et nous ne tardâmes pas à arriver tous ensemble à sa maison.

Cette demeure était située dans un lieu fort peu pittoresque, et privée de toute espèce d'ombrage. A quelques pas se dressait un mont de granit sans aucune verdure et peuplé de vautours de la grande espèce. L'habitation était formée de plusieurs maisons carrées, très-basses, détachées les unes des autres et séparées par des cours et par des murs : l'une était occupée par les hommes de service ; une seconde, beaucoup plus grande, renfermait le harem ; une troisième servait de Divan, et c'est dans cette dernière que le maître du logis se tenait pendant la journée, recevait les étrangers, les visiteurs, et faisait ses affaires ; c'est celle-là qu'on avait préparée pour nous. Nous y couchâmes et y restâmes toute la matinée du lendemain. Cette maison se composait d'une seule pièce au rez-de-chaussée, et d'une terrasse par-dessus. Un divan régnait autour de la chambre. Quelques porcelaines et des bouteilles de verre blanc, de formes diverses, étaient exposées dans des armoires ouvertes pratiquées au cœur de la muraille. De riches et nombreux tapis étaient le seul luxe de l'appartement : je n'en comptai pas moins de quinze étendus les uns sur les autres. Cette pièce unique donnait sur une cour sablée et fermée par un mur sec. Les deux côtés de la porte étaient ornés à l'extérieur d'une collection de goulets fort jolis, étagés sur de légers supports en bois peints de couleurs vives. L'usage est de parfumer ces goulets avant de les remplir, raffinement assez mal entendu, car il communique à l'eau une saveur étrangère peu agréable au goût.

D'après ce que j'ai dit et si souvent répété de l'amabilité du chérif Hamed, on devine la manière dont il nous traita chez lui. Le premier devoir de l'hospitalité pour un Arabe est de faire manger beaucoup ses hôtes, et ceux-ci doivent répondre à la politesse en mangeant de tout ce qui leur est servi, dussent-ils commettre dix fois par jour le péché d'intempérance. Le chérif ne se conforma que trop à la coutume. Le mouton farci de riz et d'amandes qui parut au souper était monstrueux; ceux du déjeuner et du dîner ne le furent pas moins; à quoi il faut ajouter quantité de plats indigènes, de pâtisseries, de confitures, le tout couronné d'un pilau gigantesque. Le moyen de faire honneur à de pareils festins? Les repas furent servis à la mode du pays, c'est-à-dire par terre, ou du moins sur une petite table ronde, haute de six pouces, et couverte d'un plateau de cuivre nommé *séniéh ;* les convives s'accroupissent autour, ce que je n'ai jamais su trouver commode, pas plus que l'obligation de manger avec les doigts, sans assiettes et sans fourchettes. L'abrik faisait régulièrement son office, car chacun se lave soigneusement les mains avant et après le repas. Je forçai notre hôte à manger avec nous, quoiqu'il s'en défendît, en sa qualité de maître de maison. Ses gens, esclaves et domestiques, avaient fort bon air; tous étaient très-propres, très-bien habillés, et quelques-uns portaient, tout en faisant leur service, des poignards à la ceinture. Prenant exemple sur leur maître, ils nous servaient avec un empressement tout particulier.

La matinée du lendemain fut très-chaude, et je la passai dans un repos complet. J'étais si près du harem que j'entendais distinctement le gazouillement des femmes, mais sans en apercevoir aucune. Le chérif ne dit pas un mot de sa famille. Les Arabes ne parlent jamais de leur intérieur, et il serait souverainement inconvenant de leur en parler. Je fis en revanche la connaissance de plusieurs chérifs venus des environs pour nous visiter. Quelques-uns étaient fort jeunes, d'autres au contraire d'un âge fort avancé. L'un de ces derniers avait une barbe blanche des plus vénérables et devait être un personnage, à en juger par les respects dont il était l'objet. Je n'en tirai pourtant pas grand'chose, non plus que de ses confrères en Mahomet. Les Arabes sont si réservés avec les étrangers et même entre eux, que notre conversation ne sortit guère du domaine des compliments et des généralités. Savez-vous ce qui les frappa le plus en nous? Nos crayons qui écrivaient sans encre et nos allumettes chimiques qui brûlaient sans feu.

Notre aimable hôte fit de grandes instances pour nous décider à rester, au moins jusqu'au jour suivant; mais sa politesse commandait la discrétion, et j'insistai pour partir le jour même. Nous partîmes en effet à deux heures, au moment de la plus forte chaleur. Retenu chez lui par des visites et par des affaires impérieuses, il ne put, lui, partir en même temps que nous, et l'on convint qu'il nous rejoindrait au Mogreb.

A peine sorti de la maison, on s'engage dans un défilé rapide et pierreux qui va se resserrant de plus en plus entre deux montagnes à pic. De gros blocs à fleur de terre rendent le passage pénible et glissant. Au jour tombant on déboucha dans une immense plaine dont la réputation n'est pas bonne. Akmed Amoudi, qui, en l'absence du chérif resté en arrière, commandait la caravane, la fit rallier en approchant du village d'Abou-Choueb, dont les habitants passent pour de fieffés voleurs. Il est, comme Zema, composé de cabanes éparses et dominé par un petit fort en ruine. Au bord du chemin est un puits en maçonnerie où des femmes puisaient de l'eau ; ce sont elles qui au désert sont chargées de ce soin, et l'on voit dans la Bible qu'il en était ainsi dès l'époque des patriarches. C'est au puits que Jacob rencontra Rachel, et Moïse Séphora. On n'eut pas d'autre apparition dans ce lieu suspect ; je n'aperçus pas un seul homme dans le village ni dans les environs. Après celui-là en vient un autre nommé Bougari, tout aussi mal famé, et où le chérif Hamed nous rejoignit de toute la vitesse de son dromadaire. Notre marche se prolongea fort tard, au milieu d'une obscurité que la lune naissante adoucissait de ses clartés mystérieuses, et l'on vint coucher au café de Hadda. Nous étions ainsi revenus au point de jonction des deux routes de Taïf et au terme du long circuit que la piété musulmane nous avait fait décrire autour de la Mekke pour en éviter la vue et l'approche.

Assiégé par les rats et autres visiteurs nocturnes non moins incommodes qui hantent les nattes du café, je dormis peu et j'entendis toute la nuit passer des caravanes, dont quelques-unes signalent leur présence par des sonnettes attachées au cou des chameaux, usage que je retrouvai plus tard à

Smyrne, au temps des vendanges. Cette route, étant celle de Djeddah à la Mekke, est très-fréquentée, et les caravanes la font ordinairement la nuit. Comme elles s'arrêtent toutes, au moins quelques instants, à Hadda, il s'y trouvait au point du jour un grand concours de voyageurs, et parmi eux un détachement d'artilleurs turcs dont M. Dequié connaissait l'officier : je lui offris le café du matin, et j'appris de lui qu'il se rendait à la Mekke afin d'y prendre une pièce de campagne qu'il devait conduire ensuite au Grand-Chérif, lequel l'avait réclamée du pacha pour mettre à la raison une tribu révoltée. Privé non-seulement d'artillerie, mais de cavalerie et de troupe de ligne, ce prince est obligé, à son grand déplaisir, comme on le pense bien, de s'adresser à l'autorité ottomane toutes les fois qu'il en a besoin pour réduire à l'obéissance celles des tribus gouvernées ou censées gouvernées par lui qui résistent ouvertement à son autorité. Il en résulte qu'il ne recourt à la force qu'à la dernière extrémité, après avoir épuisé tous les moyens de conciliation.

Je me retrouvais en pays connu; la journée du lendemain m'offrit par conséquent peu d'intérêt. Je revis en passant les tentes des bachi-bouzouks, et nous tombâmes un peu plus loin au milieu d'une escouade de ces partisans qui retournaient à leur camp. Chérif Hamed se fût bien passé de leur rencontre; mais il était impossible de les éviter, et la rencontre d'ailleurs n'eut rien de fâcheux pour nous : eux si arrogants d'habitude, ils avaient l'oreille basse et se montrèrent presque polis. Cela voulait dire qu'ils venaient d'essuyer un échec. De fait nous apprîmes d'eux que leur sandjiak Kurde-Osman-Aga avait été révoqué; or, son hostilité contre les Arabes en général et contre le Grand-Chérif en particulier avait une telle publicité, que sa destitution était pour ces derniers un triomphe éclatant. La nouvelle se trouvait si exacte que nous rencontrâmes près du café de Beiàdhié, celui-là même où j'avais été pris de la fièvre au début du voyage, le successeur d'Osman qui se rendait à son poste au son du *tablé*, très-petit tambour dont les irréguliers font usage quand ils sont en marche. Une nombreuse et brillante escorte accompagnait le nouveau commandant.

A midi on aperçut la mer à l'horizon. Il faisait très-chaud, bien que le vent fût violent; loin d'apporter aucune fraîcheur, il nous soufflait au visage des bouffées de feu et soulevait autour de nous des nuages de sable. Quoique bien près de la ville, on fit une longue halte au café de Réghamé, où nous avions pris congé de nos amis de Djeddah douze jours auparavant. C'est un lieu fort triste et fort laid; mais le hasard nous y fit trouver pour nous rafraîchir du lait excellent. Un traînard irrégulier y faisait reposer son cheval et nous combla, chose miraculeuse, de mille attentions. Décidément la destitution de leur chef avait maté ces reîtres. A l'Asr, le chérif fit religieusement sa troisième prière à côté de moi; ce devoir accompli, on se remit en route, et avant quatre heures nous rentrions à Djeddah par la porte de la Mekke.

Le lendemain, mon premier soin fut naturellement d'aller rendre visite au chérif Hamed chez Mustapha-Effendi, le vekhil du Grand-Chérif, et ils acceptèrent l'un et l'autre un dîner d'adieux au logis avec M. Cole, M. Dequié et mon ami Khaled-Bey, que je revis avec un véritable plaisir. Gasparo fut chargé du menu, sauf l'agneau farci de l'hospitalité qu'il n'aurait pas su préparer convenablement, et qu'un cuisinier indigène, renommé à Djeddah pour son habileté en cette matière, apprêta chez lui et nous livra, à l'heure dite, parfaitement réussi. Ce mets, particulier aux Orientaux, se cuit à l'étuvée dans des fours creusés en terre à cet effet, et je dois avouer que la viande ainsi traitée acquiert un degré de perfection inconnu sur les tables de l'Occident. Notre dîner alla tout de travers. D'abord Khaled-Bey arriva les traits bouleversés et les yeux rougis par les larmes. Il nous tut la cause d'un si profond chagrin, attendu qu'il s'agissait d'une peine domestique, et que les Arabes, comme je l'ai déjà dit, ne parlent jamais de ce qui se passe dans leur harem. Mais je savais d'une autre source l'événement qui l'affectait si tristement ; voici ce que j'avais appris. Dans une circonstance de sa vie que j'ignore, il avait été sauvé d'un grand danger par une femme arabe, dont le propre frère avait péri victime de ce dévouement. La gratitude de Khaled avait été sans bornes, et il avait épousé sa libératrice ; or, cette femme qu'il aimait tendrement était alors malade, et son état lui inspirait de vives inquiétudes. Faisant sur lui un effort puissant, il s'était pourtant rendu à mon invitation dans la crainte de me désobliger en y manquant. Je n'eus pas la cruauté d'abuser d'une politesse si héroïque, et m'empressai de lui rendre sa liberté. Il en profita immédiatement pour retourner chez lui ; la poignée de main qu'il me donna en se retirant me dit assez combien il était sensible à mon procédé.

Ce premier contre-temps fut suivi d'un autre : le chérif Hamed et Mustapha-Effendi se firent attendre deux heures entières, et lorsqu'enfin ils arrivèrent, ils étaient accompagnés de huit convives non priés, Akmed-Amoudi entre autres, ce qui ne laissa pas de produire dans le service une perturbation notable. Par suite d'un si long retard, le Mogreb nous prit au milieu du dîner, et nos pieux convives de quitter la table au premier cri du muezzin pour aller faire leur prière dans une pièce voisine. Bref, je n'ai vu de ma vie un repas plus décousu et plus désorganisé. Les choses ne vont bien que dans leur milieu naturel.

Le moment des adieux fut un nouveau quart d'heure de Rabelais. Le chamelier en chef et notre escorte, devant nous ramener à Djeddah, n'avaient pas reçu leur bakschich à Taïf. Nous leur fîmes une distribution de talaris proportionnée à la longueur, à la fatigue de leur service auprès de nous, et nous y joignîmes pour le premier un béniche de drap rouge qui le combla de joie ; il s'en revêtit à l'instant et s'en alla courir le bazar pour le montrer à toute la ville. Nous ne pouvions faire moins que de laisser un souvenir au chérif Hamed lui-même ; nous lui offrîmes à ce titre un beau turban en cachemire du prix de deux mille piastres, dont il se montra fort satisfait et qu'il nous promit de porter en mémoire de nous. J'eus le regret d'apprendre qu'il ne le porta pas longtemps ; cet aimable homme, type accompli du gentleman arabe, mourut quelques mois après mon retour en France.

XII

Quelques réflexions.

Je viens de raconter en détail, sans rien amoindrir et sans rien exagérer, la manière dont j'ai été reçu par le Grand-Chérif. J'étais loin assurément de m'attendre à une réception qui rappelle les plus beaux jours de l'hospitalité arabe, tels qu'ils revivent dans les charmants contes des *Mille et une Nuits*. En venant à Djeddah, nous nous proposions de faire le voyage de Taïf comme nous avions de Tor fait celui du mont Sinaï, et si nous avions demandé ou fait demander au prince l'autorisation de visiter sa résidence, nous n'avions fait en cela que remplir une formalité indispensable, comme en Europe on fait viser son passe-port par les ambassadeurs des pays que l'on veut parcourir; nous avions compté ne recevoir pour réponse que cette autorisation pure et simple, sauf à nous d'en user à nos risques et périls, à nos frais et comme il nous conviendrait de le faire. On vient de voir que les choses s'étaient passées bien différemment.

On m'a demandé quelquefois, et je me suis demandé moi-même à quoi nous avions dû, mon compagnon de voyage et moi, un si grand accueil; car enfin le prince ne nous connaissait ni l'un ni l'autre, et en admettant qu'il eût voulu être agréable au consul qui lui avait transmis notre demande en traitant noblement ses recommandés, il eût atteint son but en en faisant beaucoup moins. M. Cole lui-même fut surpris d'une façon d'agir si magnifique. A Dieu ne plaise que, pour me décharger des devoirs de la reconnaissance, je veuille en rien atténuer le mérite d'une hospitalité si généreuse ; mais il n'y aura de ma part aucune ingratitude à en rechercher toutes les causes. Les Arabes sont défiants, surtout vis-à-vis des Européens, et supposent des motifs secrets à leurs actions les plus indifférentes. Or, dans l'état où les affaires politiques se trouvaient alors, le Grand-Chérif dut naturellement y rattacher la présence en Arabie d'un Anglais et d'un Français voyageant ensemble dans un pareil moment ; il put les croire envoyés l'un et l'autre par leurs gouvernements respectifs pour étudier l'état du pays et s'assurer de ses propres dispositions envers la Porte. Une telle hypothèse, bien que purement gratuite et sans aucun fondement, n'avait rien d'invraisemblable ni de trop forcé, vu les circonstances, et dans le doute même il avait dû nous traiter comme si elle était fondée. Il en serait ainsi que ma reconnaissance, je le répète, n'en reste pas moins intacte.

Il eut beau, dans la conversation, ne laisser paraître aucune partialité en faveur de la Russie, se montrer à son égard sévère, hostile, agressif ; il est impossible qu'un Arabe, un Grand-Chérif, n'ait pas une sympathie secrète pour les ennemis de la Turquie. N'oublions pas que les Turcs n'ont pas plus de droit sur l'Arabie que l'Autriche, par exemple, n'en a sur l'Italie, la Russie sur la Pologne, et qu'ils ne s'y maintiennent que par la force, après avoir renversé le gouvernement national des Chérifs ; que Ghaleb, le père de Muttaleb, fut de leur part victime d'une insigne trahison ; que, déporté par eux sur le territoire ottoman, il mourut dans l'exil ; que son fils lui-même y passa vingt-quatre ans de sa vie, et que rendu enfin à sa patrie, à son titre héréditaire, il ne jouissait que d'un pouvoir borné, d'un simulacre d'autorité. Tout ce qui affaiblit la Porte ne peut donc que plaire aux Arabes en général, et au Grand-Chérif en particulier, en leur inspirant de légitimes espérances. Tout ce qui la fortifie, au contraire, les contriste nécessairement en éternisant leur servitude.

Je ne vois pas pourquoi on aurait deux poids et deux mesures, pourquoi on réprouverait chez les Arabes des sentiments d'indépendance qu'on trouve justes chez les Italiens, chez les Polonais, chez tous les peuples de l'Europe foulés, écrasés par une domination étrangère. Un maître est toujours un maître et n'est que plus odieux lorsqu'il est inférieur évidemment, par l'intelligence et par la moralité, à ceux qu'il tyrannise ; quand réduit lui-même à l'épuisement, il ne se maintient dans son usurpation que par l'artifice, la corruption et le secours d'autrui. Telle est précisément la position des Turcs vis-à-vis des Arabes, comme aussi vis-à-vis des Grecs, des Syriens, de tous les peuples, en un mot, que la conquête leur a jadis livrés. Ils ne peuvent plus se défendre eux-mêmes et ils oppriment encore les autres ; c'est là, quoi qu'on en puisse dire, une position fausse et forcée qui doit avoir un terme et ne peut durer longtemps ; tous les congrès, tous les protocoles ne ressusciteront pas la Turquie ; elle est morte, et son nom serait depuis longtemps rayé de la carte, si l'on avait pu tomber d'accord sur le partage de sa succession. Tous les plans de réforme dont on fait étalage en ce moment dans un but intéressé ne sont que des chimères et des mensonges. Je pourrais citer tel grand dignitaire turc envoyé à Paris au congrès de la paix, lequel riait tout le premier du fameux hat-houmayoum du mois de février dernier, et le déclarait ouvertement inexécutable. On ne réforme pas ce qui est mort, on l'enterre ; et si notre génération ne s'acquitte pas de ce devoir, la suivante s'en acquittera. Là est toute la question d'Orient posée déjà, traitée par Montesquieu, il y a plus d'un siècle, dans les mêmes termes qu'elle l'est aujourd'hui, et réservée par lui aux mêmes solutions.

Les Turcs eux-mêmes, je parle du très-petit nombre de ceux qui comprennent quelque chose, ne se font aucune illusion sur la situation véritable de l'empire ottoman. Ils savent parfaitement quel sort l'attend dans l'avenir et que la jalousie des puissances européennes le soutient seule dans une sorte d'équilibre artificiel que le premier choc concerté entre elles détruira infailliblement. Aussi ne vous imaginez pas qu'ils aient pour la France et l'Angleterre la moindre reconnaissance : ils sont bien convaincus que c'est leur propre intérêt, non celui de la Turquie, qu'elles poursuivent dans la limitation de la puissance russe. Ils souffrent dans leur orgueil d'une protection qui les subalternise, et, si leur faiblesse les oblige à dissimuler leur haine, elle n'en est que plus profonde pour être impuissante et concentrée. Quant à la masse qui ne sait ni ne comprend rien, on l'abuse par des contes ridicules : on lui fait croire, par exemple, pour sauver l'honneur du Croissant, que le Sultan a forcé la France et l'Angleterre à lui prêter main-forte contre la Russie ; et j'ai entendu moi-même répéter cette ineptie non pas une fois, mais cent, sur tous les points de la Turquie que j'ai visités.

Supposez qu'au xvie siècle et plus tard au xviie, avant la victoire de Sobieski, les Osmanlis eussent conquis l'Europe et s'y fussent établis comme à Byzance, de quelle manière auraient-ils traité nos pères ? Ils ne se fussent piqués, à coup sûr, ni de modération ni de tolérance ; le cimeterre eût égorgé la Chrétienté. La fortune des armes s'est déclarée contre eux, l'élément occidental a triomphé, et les Turcs sont aujourd'hui dans la main de l'Europe comme l'Europe eût été dans la leur si le Croissant eût vaincu la Croix. Je ne demande pas qu'on leur applique la loi du talion, ni qu'on use de représailles à leur égard; de tels moyens ne sont plus conformes aux mœurs ni à l'esprit du temps, et l'humanité les réprouve. Mais sans les détruire par le glaive, comme ils ont sans scrupule détruit leurs ennemis et nous détruiraient nous-mêmes si nous étions à leur merci, ils ne méritent, après tout, ni tant de ménagement ni tant de longanimité; et puisque la Turquie n'est, comme on l'a dit avec raison, qu'un camp dans l'Europe, qu'elle plie ses tentes pour les aller dresser ailleurs : l'Asie est assez vaste pour lui offrir des compensations. Dès que le plus fort est devenu le plus faible, il est tout simple qu'il perde ce qu'il ne devait qu'à la force. Tout peuple incapable de se protéger soi-même n'a plus sa raison d'être; il est condamné à périr. On recule trop de nos jours devant ces grandes mesures qui seules tranchent les grandes questions et que la nécessité rend indispensables. A force d'ajourner les solutions, on ne fait que les rendre plus difficiles, parfois plus terribles, et, pour n'avoir pas frappé en temps utile un coup décisif, on est forcé plus tard d'en frapper mille, qui manquent souvent le but et coûtent beaucoup plus cher.

La Grèce, ou du moins une faible partie de ce continent glorieux, a brisé sa chaîne aux acclamations sympathiques de l'Europe et avec son assistance. Les principautés Danubiennes sont bien près d'en faire autant, en attendant que la Bulgarie, la Servie, la Thessalie, la Macédoine, et tous les autres pays usurpés par les Turcs, reconquièrent aussi leur nationalité.

Le tour de l'Arabie est à la fin venu.

Elle aussi doit reconquérir son individualité nationale, et personne assurément ne peut trouver mauvais qu'elle y travaille. La nation arabe est supérieure aux Turcs sous tous les rapports. Comme peuple conquérant, on sait jusqu'où elle a porté ses armes. Sans parler de l'Asie, l'Afrique septentrionale tout entière, la Sicile, l'Espagne, et même un instant le midi de la France, ont reconnu ses lois. Elle a fondé, propagé au loin une religion qui compte déjà douze siècles et qui n'est pas près de finir. Savante et lettrée, aussi éminente dans la science et dans l'art que dans les guerres, si longtemps heureuses, où l'enthousiasme religieux la précipita, elle a possédé de grandes écoles de médecine, d'architecture, de mathématiques, d'astronomie, où s'est instruit l'Occident, et a créé des monuments littéraires qui font encore aujourd'hui le charme de tous les esprits cultivés. Qu'est-ce que les Turcs ont à mettre en parallèle? L'ignorance et la brutalité.

Si du passé on se rabat sur le présent, la même supériorité frappe chez les Arabes, surtout du côté moral. De grandes vertus, la bravoure, l'hospitalité, la probité, sont pratiquées sous leurs tentes ; ils font la guerre avec humanité, avec loyauté ; ils respectent la foi jurée ; l'honneur, la concorde et la fidélité règnent au sein des familles. La servitude et la bassesse leur sont inconnues : chaque homme, quel que soit son état, y conserve en toute occasion le sentiment de sa dignité, et ses besoins sont tellement bornés, que la misère même ne saurait le dégrader. Le désert est le temple de l'égalité. Le seul défaut capital du Bédouin est un trop grand amour de l'argent, ou de ce qui le représente ; mais sa pauvreté l'excuse ; et d'ailleurs il n'est pas un peuple en Europe chez qui la passion de l'or ne soit infiniment plus développée : la seule différence est qu'en Europe on filoute, on escroque, on vend sa conscience et son honneur, tandis que, si l'Arabe rançonne les caravanes et fait des razzias chez les tribus ennemies de la sienne, ces actes violents, accomplis par lui à force ouverte, au péril de sa vie, participent dans sa pensée des chances, des dangers, des droits de la guerre, et sont empreints par là même d'une grandeur que les sourdes et basses rapines de l'Europe n'ont certes pas. Les Turcs n'ont à opposer à ces vertus, à ces défauts que des défauts pires et des vertus qui n'existent plus. Le courage qui a fait la force et les succès de leurs ancêtres n'est plus chez eux qu'une tradition ; leur férocité n'épargne rien, et leur violence égale leur perfidie ; leur corruption est sans frein : une rapacité insatiable, une vénalité sans pudeur, président à tous les actes privés et publics depuis le premier jusqu'au dernier fonctionnaire de l'empire. Ils ne sont donc pas moins inférieurs aux Arabes par le côté moral que par l'intelligence, l'esprit et la culture.

Il n'est pas étonnant, d'après cela, que les Arabes souffrent doublement de leur dépendance, et parce que c'est une tyrannie étrangère, et parce qu'elle est exercée par des maîtres indignes. Ils ont tout récemment encore tenté de s'en affranchir, mais l'entreprise a manqué d'ensemble et n'a pas réussi. On s'est battu à la Mekke, où une centaine d'Arabes sont restés sur le carreau à la première rencontre. Les Turcs sont rentrés en possession de la Ville Sainte, ils ont repris Taïf qui s'était déclarée indépendante, et Dieu sait l'usage qu'ils font de leur victoire ! Savez-vous qui était à la tête du mouvement ? Ce même chérif Muttaleb, avec lequel on vient de faire connaissance, dont j'ai eu tant à me louer et dont j'avais pénétré, malgré sa réserve, les véritables dispositions. Convaincu de rébellion, il a été dépouillé de ses fonctions par le Grand-Seigneur et remplacé, il y a peu de mois, par Ibn-Aoune, qu'il avait remplacé lui-même il y a cinq ou six ans et qui habitait Constantinople. Tombé plus tard entre les mains des Turcs, et conduit à Constantinople, il vient d'être exilé à Salonique, où son père Ghaleb le fut avant lui, et mourut de la peste il y a quarante ans. Nul ne peut dire quel sort attend le fils sur cette terre étrangère; mais quel qu'il soit, que sa chute soit définitive où que la fortune le ramène au pouvoir, je m'estimerais heureux qu'il pût savoir dans son exil la gratitude que je lui ai conservée, la sympathie que je lui porte, les vœux que je forme pour l'indépendance de sa nation, l'une des plus illustres qui aient pris rang dans l'histoire, et que j'ai appris à estimer en apprenant à la connaître.

XIII

Départ de Djeddah.

A mon retour à Djeddah, la révocation du gouverneur était un fait accompli, ou du moins public; mais il n'avait pas encore quitté son poste et devait l'occuper jusqu'à l'arrivée de son successeur. Sa disgrâce avait entraîné celle d'Osman-Aga, qui passait pour sa créature et l'était en effet. En sa qualité de premier pacha de l'empire Ottoman, Achmet-Izzet s'attribuait le privilége de ne rendre de visite à personne, pas même aux deux consuls d'Angleterre et de France, qui avaient la faiblesse de souffrir cette prétention. Il ne m'avait donc pas rendu la visite que je lui avais faite en arrivant à Djeddah, et, durant tout mon séjour dans cette ville, je n'avais reçu de lui aucune politesse ; aussi me proposais-je bien d'en rester là et de partir sans retourner chez lui. Toutefois, comme il tenait sans doute à se montrer civil à mon égard, tout en maintenant son usurpation, il envoya chez moi, le lendemain de mon retour, un de ses parents pour me complimenter de sa part sur mon heureux voyage. Cette politesse changea ma première résolution, d'autant plus qu'il me parut de bon goût de ne pas trop compter avec un fonctionnaire destitué. Je lui fis donc, accompagné de M. Dequié, une visite de congé qui se passa comme la première, à cela près qu'il se montra encore plus empressé, plus démonstratif, et m'accabla de protestations dont je pris ce qu'il en fallait prendre. Il ne fut pas dit un mot de mon voyage à Taïf, ni fait la moindre allusion au Grand-Chérif. Un tel silence prouvait mieux que tout le reste la haine implacable dont il honorait le prince de la Mekke.

N'ayant plus rien à faire à Djeddah, je ne songeai qu'à en partir au plus tôt, pour retourner au Caire ; mais par quelle route ? J'hésitai quelque temps, vu que le choix n'était pas facile. Je dois dire, à cette occasion, que j'avais eu à Taïf une tentation bien forte : le Grand-Chérif m'avait offert, indirectement il est vrai, par l'intermédiaire d'un de ses officiers, de me faire conduire à Bassora ou à Bagdad à travers le Nedj, si la suite de mon voyage me conduisait de ce côté. Malheureusement il me conduisait du côté opposé : je voulais repasser par l'Égypte et ne pensais me rendre dans ces deux villes, du moins dans la dernière, que beaucoup plus tard, par Damas, Alep et le grand désert de Mésopotamie, pour gagner ensuite Constantinople par la voie de Trébizonde. Je résistai donc à la tentation, et m'en tins à mon plan primitif. Une violente dyssenterie dont je fus atteint l'été suivant ne me permit d'en réaliser qu'une faible partie, et la perte de ma vue m'en interdit pour toujours l'entière exécution.

Je pouvais retourner de Djeddah au Caire par mer comme j'en étais venu, et précisément alors Emin-Bey était au moment d'expédier un brick égyptien sur Kosseir, d'où je pouvais en quelques jours aller prendre le Nil à Kenné; il eut l'obligeance de mettre ce bâtiment à ma disposition; mais ce moyen, facile en apparence, me parut impraticable en y réfléchissant. D'abord il m'aurait fallu refaire en sens inverse le trajet de Djeddah à Yambo, et même plus loin, car les navires longent la côte aussi longtemps qu'ils le peuvent avant de se lancer dans la haute mer pour gagner la rive égyptienne. Un voyage qui en venant n'avait demandé que peu de jours, grâce à la mousson du nord qui règne presque constamment sur le Golfe Arabique, en exige, au retour, cinq ou six fois autant, souvent davantage, et je reculai devant la perspective d'une traversée de trente à quarante jours. Je me décidai donc à passer la mer Rouge en ligne droite de Djeddah à Souakin. De là je comptais aller chercher le Nil, soit en Nubie, soit plus haut à Khartoum, et redescendre au Caire par la voie du fleuve. Emin-Bey, qui avait parcouru cette route, me donna sur le pays des renseignements détaillés, et, comme je devais camper tous les soirs dans ces déserts, je me pourvus d'une tente pour remplacer celle qui avait été brûlée à Suez. Mon compagnon de voyage ayant adopté l'itinéraire ci-dessus, M. Dequié nous fréta le même jour, pour la modique somme de cinquante piastres, un sambouk de Souakin prêt à retourner dans cette ville. Nous devions partir le 9 mars, mais notre départ fut ajourné jusqu'au 12 par une circonstance que je vais rapporter.

Le consul de France était alors, ainsi que je l'ai déjà dit, Rochet, soi-disant d'Héricourt, appellation de fantaisie qu'il avait ajoutée à son nom, afin de le rendre apparemment plus aristocratique. Il avait commencé par être tanneur, et rien en lui, ni le langage ni les manières, ne démentait ses débuts. Étant allé chercher fortune en Abyssinie, il avait poussé jusqu'au royaume de Choa, où il était retourné une seconde fois avec des présents du roi Louis-Philippe pour le roitelet abyssin. Une relation de ces deux voyages a paru sous son nom, sans qu'il en soit l'auteur : incapable d'écrire même une lettre, il avait emprunté la plume d'un écrivain que je pourrais nommer. C'est de là qu'il était parti pour être nommé consul de deuxième classe et chevalier, puis officier de la Légion d'honneur ; il n'en parut que plus tanneur encore. Privé de toute instruction, de toute éducation, il était peu fait pour donner de la France aux Arabes une idée favorable, et n'a laissé à Djeddah que d'assez tristes souvenirs. Sans famille, sans intérieur d'aucune sorte, il vivait absolument seul dans une grande maison du quartier de l'Yemen, et avait rendu la vie si dure à M. Dequié, le chancelier-drogman du consulat, que cet excellent homme avait dû quitter la maison consulaire, et s'établir à son particulier pour avoir un peu de paix et de liberté. De plus, il s'était mis sans raison en hostilité ouverte contre M. Cole, son seul collègue et le seul Européen fixé à Djeddah ; d'où les indigènes concluaient naturellement que la concorde est loin de régner entre les chrétiens, puisque les deux seuls établis à Djeddah vivaient en ennemis.

J'avais peu de goût pour ce personnage et ne lui fis, pendant mon séjour, que de courtes visites de convenance. Il est vrai qu'il était fort malade et quittait peu son lit. A mon retour de Taïf, je trouvai son état tellement aggravé qu'il me parut toucher à ses derniers moments. Ces alarmants symptômes n'étaient que trop certains : il mourut trois jours après, et je le mis dans sa bière. M. Dequié s'installa au consulat pour le gérer par intérim, et l'enterrement fut fixé au lendemain. Le pacha avait promis d'envoyer un détachement convenable de troupe de ligne, outre un nombre de cawas suffisant pour ouvrir et fermer le cortége. Mais au dernier moment, il fit les choses de si mauvaise grâce et si mal, que nous fûmes d'avis, M. Cole et moi, de tout refuser, cawas et soldats. Je fus pour ma part très-choqué de ce manque d'égards d'un Turc pour un représentant de la France, dans un moment surtout où la France versait à flots son sang et son or pour la Turquie ; M. Cole, de son côté, était outré et déclarait hautement que l'injure atteignait non-seulement la France, mais l'Angleterre elle-même, et rejaillissait sur la Chrétienté tout entière. Plainte fut portée, comme de droit, à Constantinople et à Paris ; mais je ne sache pas qu'aucune réparation ait été faite depuis par le gouvernement turc.

Quoi qu'il en soit, les restes du consul de France furent portés à leur dernière demeure, comme ceux d'un simple particulier, sur les épaules de quatre Arabes qui, suivant l'usage du pays, couraient plutôt qu'ils ne marchaient. Nous les suivîmes, mon compagnon de voyage et moi, avec M. Cole, M. Dequié, les frères Sawa; et cette poignée de chrétiens réunis par le hasard autour d'un cercueil forma seule le convoi d'un chrétien expiré sous le ciel musulman. On nous avait fait craindre le fanatisme de la population; elle se montra au contraire, sur notre passage, calme, décente et presque respectueuse. On sortit par la porte de l'Yemen, et, après avoir traversé une plaine de sable où la mer entre à la marée haute, on atteignit un petit cimetière clos de murs, réservé aux Européens que la mort frappe sur ces lointains rivages. Cette cérémonie funèbre manqua de gravité et de recueillement. Le défunt n'avait été, durant sa vie, ni considéré ni aimé; et bien que la tombe épure les souvenirs, éteigne les ressentiments, son sort n'inspira pas au moment suprême la pitié qu'il méritait. Quelque rôle qu'on ait joué sur la terre, c'est toujours une triste destinée que d'aller finir ses jours si loin de sa patrie, si loin des siens, entouré d'indifférents, d'étrangers et de se dire, en expirant : « La main d'aucun ami ne me fermera les yeux. »

Le consul mourut le 9 et fut enterré le 10. Le 11, après lui avoir rendu les derniers devoirs, comme il convenait à un compatriote, je m'embarquai à neuf heures du soir, avec mon compagnon de voyage, dans un bateau qui devait nous conduire au sambouck nolisé par nous, et mouillé très-loin en rade. Notre bagage et nos gens y étaient déjà. La mer était basse, si basse même que notre bateau s'ensabla au milieu des passes et qu'il fut impossible de le dégager; si bien qu'il nous fallut rester là cinq ou six heures pour attendre la marée montante, dans une complète immobilité. La nuit était splendide, la lune radieuse, mais le froid tellement vif, que n'ayant ni manteau ni couverture, je fus obligé de m'envelopper dans la voile pour n'en pas trop souffrir. Nous n'atteignîmes le sambouck qu'à deux ou trois heures du matin; à huit on leva l'ancre et l'on mit à la voile pour Souakin.

FIN.

TABLE.

Avant-propos.. Pages		1
I.	Le désert de Suez..................................	1
II.	Suez..	23
III.	Tor...	33
IV.	Le mont Sinaï.....................................	46
V.	La mer Rouge.....................................	93
VI.	Djeddah..	121
VII.	Galerie vivante...................................	147
VIII.	Les Chérifs et les Wahabites....................	164
IX.	De Djeddah à Taïf................................	204
X.	Taïf...	236
XI.	De Taïf à Djeddah................................	266
XII.	Quelques réflexions..............................	293
XIII.	Départ de Djeddah...............................	303

FIN DE LA TABLE.

Ch. Lahure, imprimeur du Sénat et de la Cour de Cassation,
rue de Vaugirard, 9, près de l'Odéon.

Imprimerie de Ch. Lahure (ancienne maison Crapelet), rue de Vaugirard, 9, près de l'Odéon.

www.ingramcontent.com/pod-product-compliance
Lightning Source LLC
Chambersburg PA
CBHW070627160426
43194CB00009B/1391